石川憲二 著

大人が読みたいニュートンの話

万有引力の法則の「完成」はリンゴが落ちて22年後だった!?

B&Tブックス
日刊工業新聞社

プロローグ
ニュートンがリンゴで発見○○○○

ももいろクローバーZ[*]のリーダー百田夏菜子さんは、テレビ番組の中でこんな穴埋め問題を出されたとき、考え抜いた末に「ビタミンB」と力強く答えた。彼女はいろいろな意味で大天才なので、その後も「グラニュー糖」「オリゴ糖」と珍解答を続け、ついには司会者が「もう正解でいいです」と匙を投げたところでスタジオは爆笑に包まれるのだが、これら一連のやりとりが、なぜ、おもしろく、そしてギャグとして成立しているのかといえば、それは、ほとんどの人が「正解」を知っているからである。

そう、アイザック・ニュートンがリンゴの実の落下を見て万有引力（正確には万有引力の法則）を発見したというエピソードはあまりに有名だ。彼の人生を描いた本では必ず紹介されているどころか、冒頭の「つかみ」に使われているケースも少なくない。そんなことから、子供時代に偉人伝を読む機会の多い日本人にとっては、「エジソンは偉い人」というのと同じくらい共通した歴史認識になっているように思う。

そのことに改めて気づかせてくれたのは、桃太郎、浦島太郎、金太郎の「三太郎」が登場する携帯電話ブランドａｕ（ＫＤＤＩ株式会社）のＣＭだった。**「浦ちゃんの法則」***篇と名付けられた作品は、こんなふうに始まる。

囲炉裏を囲み、思い思いに過ごしている3人。浦島太郎だけが少し変で、手から手へとリンゴを落としながら何やら考え込んでいる様子。不思議に思った桃太郎が声を掛ける。

桃太郎「浦ちゃん、何やってるの？」
浦島太郎「あのさあ、リンゴが木から落ちたんだよね」
桃太郎「それって普通のことでしょ」
浦島太郎「いや、地面がリンゴを引っ張っているってことない？」

すると、それまで本を読んでいて無関心だった金太郎が、いきなり大声をあげる。

金太郎「君！　学校行ってみないか。そこに答えがあるかもしれない」

ＣＭの目的はあくまで宣伝なので、この先は「学生にはお得な割引サービスがあります」といった告知につながっていくのだが、重要なのはそこに至る過程だ。

もし、私たちの多くがニュートンのリンゴにまつわる話を知らなければ、このＣＭは成り立たない。なぜなら、意味がわからず、共感できないからだ。それでは、広告にとってもっとも大切な訴求効果が期待できないので、企画段階で没になっていただろう。

ところが、現実には**CM[*]は放映され**、多くの視聴者に受け入れられた（「どうしてリンゴが落ちることと学校に行くことがつながるのですか？」といった苦情が殺到したとは聞かない）。なので、やはり日本人にとっては「知っていてあたりまえ」の話だったのである。

考えてみれば、これはすごいことだと思う。

このＣＭをちゃんと理解するには、「リンゴ→引力」という流れを知っているだけでは不十分だ。万有引力の発見が、歴史上、非常に重要な出来事であり、それによって人類の知が大きく広がった……というところまでわかっていなければ、「リンゴの落下に疑問を感じた浦島太郎に学校へ通って知識への扉を開けるように勧める」という展開を楽しめないはずで、実は、けっこう奥深い内容になっている。そんなＣＭが、何の補足説明もなく、さらっとお茶の間に流れているところに、日本人の教養の高さを感じるのである。

しかし、せっかくそこまでの知識があるのなら、できれば、その先まで考えを及ばせてみてほしい。

ニュートンについて何人かと話をさせてもらったことがあるのだが、ほとんどの人はリンゴの実がボトッと地面に落ちたところで思考を停止してしまい、なかなかその先には進まない。このため、「リンゴの落下を見たことが、どうして万有引力の発見に結びついたのか?」といった本質的な部分がわかっていないのだ（あなたは説明できますか?）。

これは大変にもったいない話だと思う。なぜなら、本当におもしろいのは、リンゴが落ちたあとのストーリーだからだ（要するに「リンゴ→引力」の矢印のところ）。なので、本書では、まず、そこから説明していくことにする。

なお、ニュートンのリンゴに関するエピソードは史実ではなく、あとからの創作だという説があり、それはそれで説得力があるのだが、このあたりの検討は後に回すとして、ここでは、とりあえず「あったもの」として話を進めていく。


1665年の夏、ニュートンはウールスソープという村にある生家にいた。22歳になっていた彼は、ケンブリッジ大学を卒業後も学校に残って研究を続けていたのだが、このころ、もっとも恐れられていた伝染病であるペストが大流行したため大学は閉鎖され、仕方なく故郷に戻ってきていたのである。

そんなある日、庭先で本を読むなりして過ごしていたニュートンの目の前でリンゴの実がひとつ落ちた。果樹園にいるのならともかく、そこにはたった1本の樹木しか植えられていなかったので、「そんな偶然あるか?」と突っ込みたくなるほどベストなタイミングだったわけだが、さらに幸運なことに「読書中だったのにたまたま視線をそっちに向けていた」という強運も重なり（笑）、リンゴの落下を、直接、観察することになる。
そこで天才科学者は考えた……。

「なぜ、物は下に落ちるのか？」

この場合の「下」というのは地面の方向であり、たとえば北極と南極とでは逆の向きになる。ということは、落下という現象は地球が物を引き寄せている結果だと考えるのが自然だ。また、穴の中にも物は落ちていくので、引き寄せているのは地面ではなく、地球の中心部だと思われる。

世の中には何もせずに空中に浮かんでいられる物体はないので（鳥だって飛ぶのをやめれば落ちてしまう）、この「地球中心部への引力」は万物に及んでいることがわかる。しかも、同じ物質であれば大きいほど強く働き、重く感じる。そこには何らかの法則がありそうだ。

しかしそうなると、かなり大きな物体だと思われる月が地球に落ちてこないことはどう説明すればいいのか？

月も地球と同じような天体である以上、その上ではやはり落下が起きるだろう。となると、月も物体を引き寄せている？　いや、そうではない。地球も月もリンゴも、すべての物体はお互いを引き寄せる力をもっているのではないだろうか。そしてその大きさは質量や距離に

④ 月は等速直線運動を続けているので遠心力が発生し地球に落ちてこない。
引力の大きさは物体の質量や距離に依存しそこには法則があるはずだ！

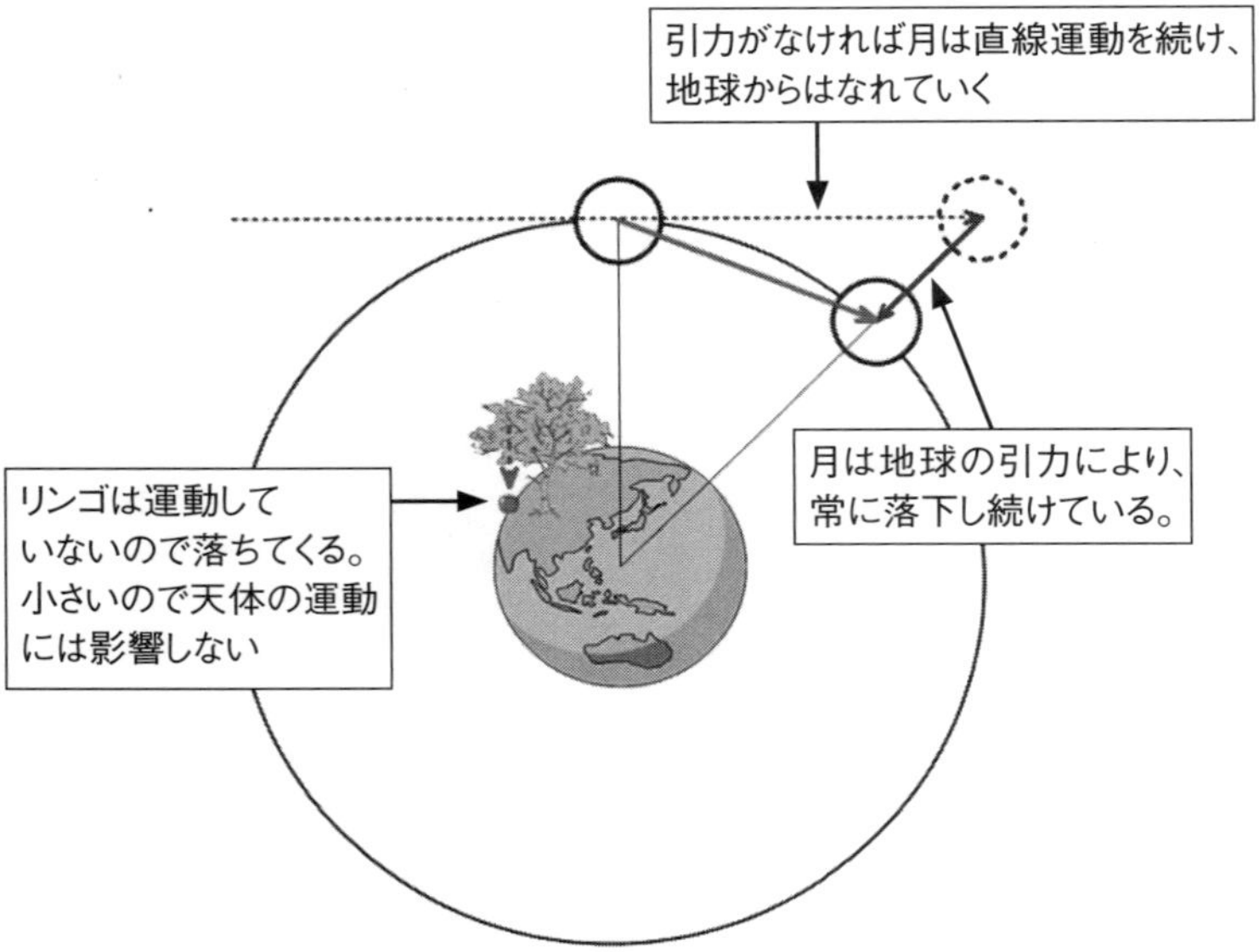

⑤ 宇宙全体も万有引力によって形づくられていたのでは?

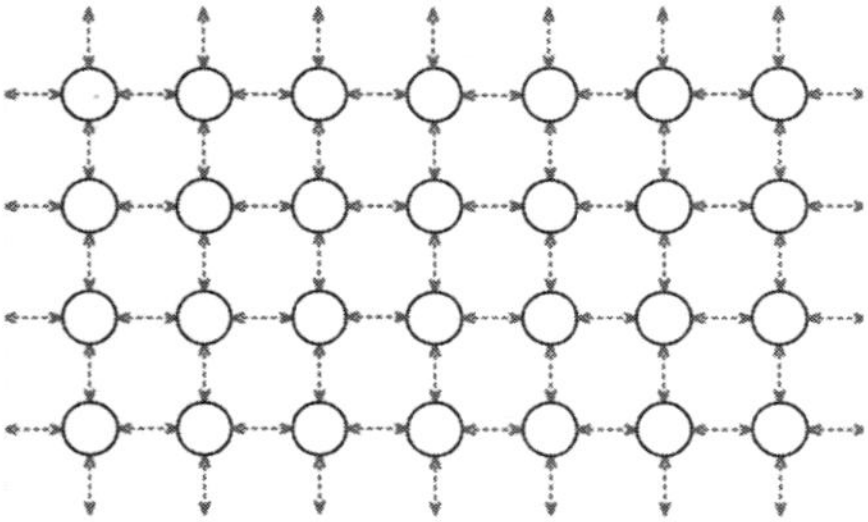

〈万有引力の法則を発見したニュートンの思考の順序〉

① なぜ、物は下に落ちるのか?「下」とは地面ではなく、地球の中心部を示す。

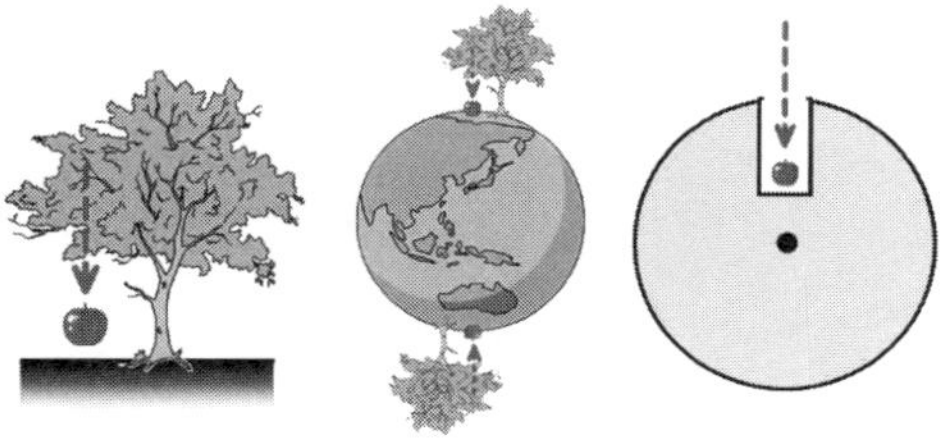

② 落ちない物はない=引力は万物に及ぶ（万有）

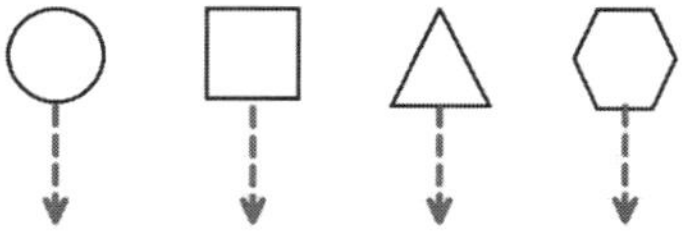

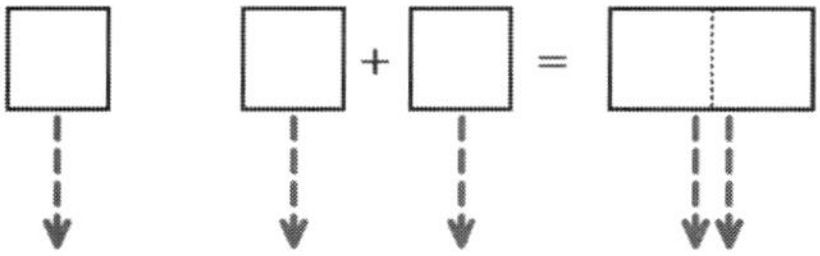

同じ物質であれば大きいほど
強く働き、重く感じる

③ それなら、なぜ月は落ちてこないのか?　月の上でリンゴはどうなる?

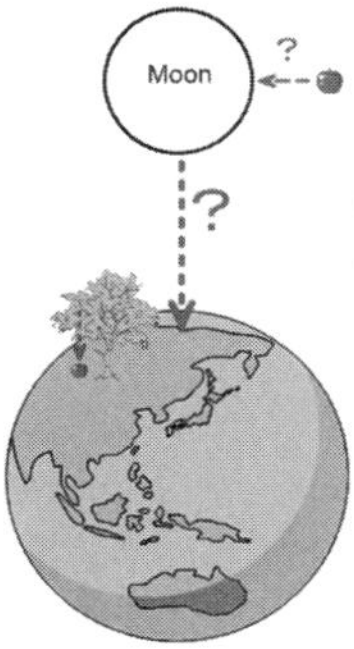

もしかして地球も月もリンゴ
も万物はすべて引き合って
いるのかもしれない! それ
では月とリンゴの違いは?

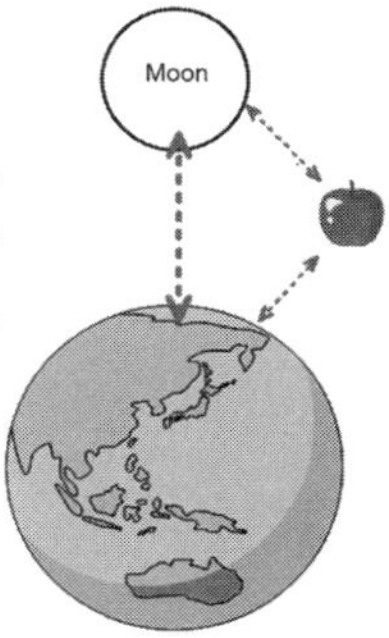

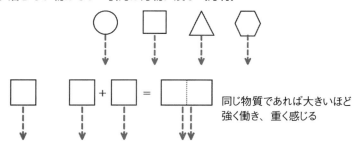

依存する。

それにもかかわらず月が地球に向かって落ちてこないのは、慣性により等速直線運動を続けているからで、それにより発生する遠心力と引力が釣り合っているから地球の周囲を公転し続ける。そう考えると、他の多くの天体の動きも合理的に説明できるはずだ。

もしかすると、宇宙全体はこのような仕組み、つまり天体の運動と万有引力のバランスによって成り立っているのではないだろうか……。


補足しておくと、このあたりの細かい思考の流れは、あくまで筆者の想像によるものだ。客観的な記録も残っていない350年近く前の出来事を正確に記述することはできないので、科学に詳しくない人でもわかりやすいようにストーリーを組み立ててみた。多少は正確さに欠けるかもしれないが、大筋ではまちがっていないと思うので、ここからニュートンへの理解を深めていっていただければ幸いだ。

とにかく、リンゴ（か他の何か？）の落下を見ただけで、**大宇宙にまで発想を膨らませていける**ところが、ニュートンという人物のすごさである。


評価の基準にもよるが、「歴史上、もっとも偉大な科学者は誰か？」という質問への答として、ニュートンの名前を挙げる識者は多い。その理由は、物理学だけでなく数学、天文学、

イギリスの旧１ポンド紙幣に描かれたニュートン

さらには化学や自然哲学などの幅広い学術分野で多大な業績を残したからだ。さらに反射式望遠鏡などの道具の開発・製作でも実績があり、技術者としても高いレベルにいたことがわかる。

ライバルとなるのは古代ギリシャのアルキメデスと相対性理論のアインシュタインあたりだろうが、アルキメデスは古すぎて伝えられている逸話がどこまで真実かわからないし（しかも、けっこう非科学的）、アインシュタインは物理学の狭い分野で一点突破型の活躍をしただけの人なので、総合成績ではとても及ばない。

電磁気学などを中心に19世紀後半から始まる新しい物理学研究のムーブメントは、２００年近くにわたって「これ以上の進歩はない」と信奉されてきたニュートンの力学がけっして万能ではないことを証明した。特に、20世紀になって登場した相対性理論と量子力学は物理学に大革命をもたらしたのだが、そういった歴史の塗り替えがあったからといって、ニュートンの価値はまったく下がってはいない。なぜなら、これらの新しい理論も彼の研究成果を下敷きにしたものであり、ニュートンがいなければ生まれなかったからだ。そう考えていくと、「近代科学の父」という称号は、やはり彼に与えられるべきなのである。

……と「わかったふう」に語ってきたものの、実は現段階で筆者はニュートンのどういうところが偉大なのか、完全に把握しているわけではない。万有引力の法則を発見するまでのストーリーは知っていても、それ以外の功績については、そんなに詳しいわけではないからだ。

したがって、ここからはさまざまな資料を調べ、読者と同じ目線でアイザック・ニュートンという偉人の「すごさ」を解明していきたい。目標は、巻末のエピローグで「結局、ニュートンとはこういう人だ」とかっこいい結論を出すことだ。それを目指して、がんばっていくので、最後までおつきあいいただければ幸いである。

Deep View

***ももいろクローバーZ**
「ももクロ」としても知られる5人組の女性アイドルグループ。筆者は雑誌の仕事などを通して30年以上、日本のエンターテイメントを追っているが、そんな「プロの目」で見ても彼女たちは群を抜いていると思う。な

んといってもすごいのはメンバー全員がそれぞれの持ち場で活躍している点で（普通のグループやバンドでは半数がお金を稼げればいいほうだ）、しかもそれに必要な才能は努力で開花させたといった成功ストーリーも含め、芸能史に残る奇跡だと考えている。

＊「浦ちゃんの法則」篇

以下のサイトにCM動画へのリンクが貼ってあるので、気になる人はどうぞ（CM↓もっと見る）。

https://www.au.com/pr/cm/3taro/

＊CMは放映され

大きなお金が動くテレビCMだけに、企画段階でニュートンに関する認知度調査ぐらいはしていた可能性が高い。その結果をもとに、「リンゴから万有引力へという流れは中高生より上であれば8割以上は知っているので大丈夫です」とクライアントを説得したのではないだろうか（多様な関係者が関わるプロジェクトで企画を通す最大の武器は数字である）。

＊大宇宙にまで発想を膨らませていける

一応、誤解がないように補足しておくと、「万有引力の法則」の発見につながる一連の発想は、リンゴの落下を見た直後にすべて完結したわけではない。後述するように、最初のヒントをもとに何年間も思考実験を続け、数十年後にようやく理論が完成したのであって、「科学史を塗り替える大発見」とは本来そういうものだ（思いつきだけでは歴史は動かせない）。

1686年（43歳）	『プリンキピア（自然哲学の数学的諸原理)』の執筆を始める
1687年（44歳）	『プリンキピア』全3巻が出版される
1688年（45歳）	名誉革命に参加
1689年（46歳）	ケンブリッジ大学選出の国会議員になる
1693年（50歳）	このころ体調と精神状態が最悪になり、活動に支障が生じる
1696年（53歳）	王立造幣局の監事になりロンドンに転居する
1699年（56歳）	王立造幣局の長官に就任
1701年（58歳）	大学選出の国会議員に再選される
1703年（60歳）	王立協会の会長に選出される
1704年（61歳）	『光学』を刊行
1705年（62歳）	アン女王からナイトの称号を授与される
1710年（67歳）	グリニッジ天文台監察委員長に就任
1725年（82歳）	ロンドンから郊外のケンジントンに居を移す
1727年（84歳）	3月20日（新暦で3月31日）死去 遺体はウェストミンスター寺院に埋葬される

※複数の資料から著者作成。

ニュートンの年譜をつくるのに使われる情報で、客観的な記録によるもの以外は、本人が82歳のときに姪キャサリンの夫であるジョン・コンデュイットという人物に語った内容をベースにしているものが多い。老人の思い出話だけに記憶はかなり曖昧だし、また秘密主義的な傾向の強い彼は死の直前に多くの私的な文書を焼却しているので、完全な年表をつくるのは難しい。したがって、年表記などには1～2年の誤差があるものと思っていてほしい。

以下の年齢は新暦の誕生日を基準とした。

アイザック・ニュートン年表

1642年（0歳）	※12月25日、リンカンシャー州のウールスソープ村で誕生
1646年（3歳）	母ハナが再婚して家を出たので母方の両親に預けられる
1653年（10歳）	再婚相手の死去により母親が戻ってくる
1655年（12歳）	グランサムのキングス・スクールに入学（1654年説もある）
1659年（16歳）	農場の仕事を手伝うため、学校を辞めて生家に戻る
1660年（17歳）	グランサムのキングス・スクールに再入学
1661年（18歳）	ケンブリッジ大学トリニティ・カレッジに入学
1663年（20歳）	光学、力学、物理学における疑問を論文にまとめる
1664年（21歳）	トリニティ・カレッジの特待生になる
1665年（22歳）	大学を卒業後も学士として学校に残り、研究を続ける
	夏になるとペストが大流行し、大学が閉鎖されたので生家に戻る
	「万有引力の法則の発見」につながる発想を始める
	光学や数学など多分野で多くの研究成果を得る（驚異の年または創造的休暇）
1667年（24歳）	ペストの流行が収まったので大学に戻る
	トリニティ・カレッジの下級フェローになる
1668年（25歳）	博士号を取得し、上級フェローに
1669年（26歳）	前年に発明した反射望遠鏡を発表
	ケンブリッジ大学のルーカス数学教授に選任される
	このころから錬金術の研究を始めたといわれている
1670年（27歳）	光学の授業を始める（その内容を元に1704年に『光学』を刊行）
1672年（29歳）	王立協会会員に選出される
	協会に送った『光と色の新理論』にフックが反論し、以降、対立が続く
1676年（33歳）	微分法の発見を伝える手紙を残す
1679年（36歳）	母ハナが死去
	論文『光と色に関する新理論』を発表
1684年（41歳）	重力と惑星の運行に関する議論を行う

※日付はユリウス暦（旧暦）によるもの。現在のグレゴリオ暦（新暦）では1643年1月4日となる。

目次

目次

第1章

ニュートンは松尾芭蕉と同時代の人

アイザック・ニュートン（Isaac Newton）は１６４２年12月25日、イギリスのリンカンシャー州にあるウールスソープという村で生まれた……。

偉人伝を始めるとき、近現代の人であればこのような書き出しが定石であり、馴染みがある分、読者にとっても入りやすいはずだ。ところが、ニュートンくらい「昔の人」になると、本当にこのままでいいのか考え込んでしまう。なぜなら、こんな短い文章のあいだにも「時代による違い」を説明しなければいけない補足事項がたくさん必要になり、その処置に悩むからだ。それらをすべて脚注（Deep View）に回すと膨大になりすぎるし、読み飛ばされても困る。したがって、ここでは最小限の解説を本文中で済ませてから、先に進むことにしよう。どの情報もニュートンについて理解するうえでは重要な基礎知識になるので、しばらく雑談につきあってほしい。

第一の「時代による違い」は暦だ。

ニュートンが生まれたころのイギリスではユリウス暦が使われていた。名前から想像できるように、あのユリウス・カエサル（ジュリアス・シーザー）が紀元前45年に導入した暦である。そんな「骨董品」だけに、天体観測技術が進歩してくると、太陽年（地球の公転周期）との誤差が問題になってきた（1年につき11分ほどずれていく）。そこで、ローマ教皇グレゴリウス13世は1582年に改良した新暦を制定する。それがグレゴリオ暦で、今でも世界のスタンダードになっている。

ところが、イギリスでは1530年代に国王ヘンリー8世の離婚問題を巡って、それを認めないローマ教皇庁とのあいだに軋轢が生じ、宗教的にはカトリック教会から分離してしまった。その影響で**グレゴリオ暦の採用が遅れ***、新暦に切り替わったのは1752年と、ニュートンが亡くなった25年もあとのことだ。そういった事情から、彼についての国内の記録は基本的に旧暦によるものである。

ユリウス暦でもグレゴリオ暦でも「ずれ」はせいぜい数日程度なので、多くの場合、その違いはあまり気にしなくてもいいのだが、ニュートンに関してはそうはいかない。なぜなら、誕生日の1642年12月25日は新暦では1643年1月4日となり、年をまたいでしまうからだ。

伝記などで登場人物の年齢を記す場合、誕生した年を0歳とし、翌年の1月1日から1歳ずつ増やしていく「周年」で統一してしまうことが多い。そうしないと、すべての出来事の日時を正確に特定したうえで誕生日との前後関係をいちいち検証しなければならず、あまりに面倒だからである（記録が少ない古い時代に関しては、実質的に不可能だ）。

したがって、誕生した年だけが「年齢」を決める唯一のデータになるわけだが、それが今の基準と1年違ってしまうと、細かいところで実感が伴わなくなってしまう。そのため、本書ではニュートンの年齢に関しては新暦の１６４３年に生まれたものとして考えることにした（年表参照）。

なお、旧暦だとクリスマス生まれになることから、日本人の著者はそこに運命的な意味があるかのように強調したがる傾向にあるが（***縁起がいいといった方向に話をもっていきがち**）、西洋ではあまりそういった発想はしないらしい。実際、翻訳された本を読むと、この点に関しては深掘りせず、さらっと流しているケースが多い。

なぜそうなるのかというと、イエス・キリストの物語において、もっとも重要なのは誕生（***正確には降誕**）ではなく、十字架に掛けられて殺された3日目に復活し、人々に希望を与えたことだとされるからだ。このため、クリスマスは静かに過ごすが、復活祭（イースター）にはさまざまな祝い事を行う。なので、***クリスマス生まれを特別視する習慣**はないようだ。

少し話が長くなったので先を急ごう。

第二の「時代による違い」は国名だ。

日本語でイギリスという場合、今の「グレートブリテン及び北アイルランド連合王国（UK：United Kingdom of Great Britain and Northern Ireland）」を示すが、ニュートンが生まれた時代には、まだ連合王国は存在せず、イングランド王国とスコットランド王国に分かれていた（ウェールズは１５３６年にイングランドに統合されていた）。しかし、彼が存命中の１７０７年にイングランドとスコットランドが合併しており、そういう意味ではなかなか激動の時代に生きていたことがわかる。

ただし、本書ではそのあたりの動きはいちいち追っていかないので、国名に関してはイギリスで統一し、必要な場合のみイングランドなどと補足することにした。そうしないと途中で表記を変えなければいけなくなり、かえって混乱を招くからだ。

余談だが、イギリスという日本語名はポルトガル語の「Ingles」あるいはオランダ語の「Engelsch」から来ているとされ、語源的にはイングランドに由来していることになるのだが、この国名が広く使われ始めたころにはすでに連合王国になっていたので、「イギリス＝イングランド」であったことは、たぶん、一度もないと思う。

最後にアイザック・ニュートンの英語表記についてだ。ニュートンは王立協会の会長を務めていた62歳のときにアン女王からナイト（Knight＝騎士）の称号（勲位）を授与されているので、正式には「Sir Isaac Newton」と書かなければいけないのだが、それを言い始めるとビートルズのポール・マッカートニーやローリング・ストーンズのミック・ジャガーまで**「Sir」を付けなければならない**ことになり（外貨をいっぱい稼いだのでもらえたらしい）、ちょっと違和感がある。したがって、この点は省略させていただく。

いろいろ説明してきたが、ここで主張したいのは、ニュートンが生きてきた時代と今とでは大きな違いがあるということだ。それにもかかわらず、**子供向けの伝記本などでは***ついつい現代の感覚で描こうとするので、さまざまな誤解が生じる。特に家族（家督）や教育、職業、生活習慣などへの考え方にはかなり差があるので、惑わされないように注意が必要だ。

時代性をはっきりさせるため、少し乱暴だがニュートン（新暦では１６４３～１７２７）を日本史の中に置いてみよう。すると、彼が生まれたのは徳川家光が第三代将軍を務めていた江戸時代初期であることがわかる。同世代には和算家（数学者）の関孝和（１６４２～１７０８）、浮世草子作家の井原西鶴（１６４２～１６９３）、俳諧師の松尾芭蕉（１６４４～１６９４）などがおり、このラインアップを見ればニュートンがけっこう古い世代であることを実感できるはずだ（松尾芭蕉の人生を現代の感覚で捉え、「彼の小学校時代は……」などと語る人はいない）。

実は、ニュートンの「古さ」は肖像画を見れば一発でわかる。王立協会会長や造幣局長官、国会議員まで務めた立派な紳士が派手めの長髪だ。もし、この格好のまま今の官庁街を歩いていたら、ものすごい違和感がある。

どういうわけか、筆者が目にしたニュートン伝の中で、この「**ロン毛問題***」を説明してくれているものはなかった。しかし、主人公の生きてきた時代を正確に伝えるにはけっこう重

肖像画

要なテーマだと思うので、本書ではきちんと言及しておきたい。

洗髪もそれほどできない時代、なぜこんな不便な髪型が流行っていたのかといえば、当時はそれが**権威**[*]**の象徴だった**からだ。このため、身分の高い男性はだいたい長髪にしていた。

これについて、「不潔になりやすかったので自分の髪は短く刈り、カツラを被っていた人が多かった」とする資料があったが、カツラだろうと自毛だろうと、あのヘアスタイルでは頻繁に洗わない限りダニやノミが付くし、生活していくうえでも邪魔でしょうがない。それなのに長髪がスタンダードだった理由は、「そういう時代だったから」としかいいようがないのである。

要するに、江戸時代までの日本の武士階級が髷*（まげ）を結っていたのと同じで、今の感覚からすれば「奇妙な髪型」が廃れなかったのは、実用よりも形式が重んじられたからだろう。そして、イギリスでも日本でも、そんな面倒臭い習慣があたりまえのように守られていたという歴史背景を忘れてはならない。

そういった理由から、本書では、できるだけ当時の風俗に沿って評価をし、ニュートンの人生を再構築していきたい。そのためには脚注も多くなってしまうが、それを読むのも「時代劇」を楽しむ醍醐味のひとつだと思っていただければ幸いである（今回は本当に多い！）。

Deep View

＊グレゴリオ歴の採用が遅れ
プロテスタントの国ではカトリック教会が決めた暦への反発もあって、最初は導入に消極的だったが、ほとんどがイギリスより先に採用している。

＊縁起がいいといった方向に話をもっていきがち
生まれたばかりのニュートンを抱きかかえた祖母が、「クリスマスの日に生まれたくらいだからきっとこの子には一生神様がついていてくださるにちがいない」とうれしそうに話しかけているようなシーンは多くの伝記に描かれている。

＊正確には降誕
神の子であるイエスが処女マリアの身体を借りて人になった（受肉した）日がクリスマスなのだから、一般的な

人間の誕生とはまったく別次元の話であり、「キリストと同じ誕生日」などと喜ぶほうがおかしい（お釈迦様は人間なので大丈夫）。

＊クリスマス生まれを特別視する習慣

そもそも輪廻とか前世といった概念はインド発祥のものなので、ヒンズー教や仏教の影響を受けていない西洋において「過去の誰かと誕生日が同じ」というのは単なる情報に過ぎず、あまり運命的な意味はもたないはずだ。

＊「Sir」を付けなければならない

「Sir」に関するルールはけっこう複雑で、イギリス国王を君主とする国（カナダとかオーストラリアとか）以外の人でナイト位をもらっている場合は、特に付けなくてもいいらしい。日本人では豊田章一郎や三宅一生、アメリカ人ではビル・ゲイツなどがそれにあたる。

＊子供向けの伝記本などでは

子供が理解しやすいように多少は現代風の味付けがあってもいいとは思うが、某社から出ていた『子どもの伝記全集、ニュートン』はかなりひどく、17世紀のイギリスの村にすでに6年制のしっかりした小学校があったり（まだ読み書きもできない人が多かった時代だ）、入学するときには母から鉛筆を贈られたりと（鉛筆が工業生産されるのは19世紀以降）、とにかくめちゃくちゃ。すでに絶版になっているものの、今でも図書館では借りることができてしまうので、子供のいる人は注意したほうがいい（書いてあることの半分くらいは「年代」「場所」「内容」のどれか、あるいはすべてがまちがっている）。

＊ロン毛問題

学校の音楽室に掲げられているバッハとかヘンデルとか（この2人はニュートンと世代が近い）の肖像画を見て、

ほとんどの子供は「変な髪型だなあ……」と思っていたはずだ。個人的にはハイドン（1732年生まれ）が一番笑えたのだが、でも、そういうのって先生に聞きづらいので、解決していないケースが多い。

＊権威の象徴だった1

実用性重視のローマ文化を忠実に守っていたころのヨーロッパでは男性は短髪が基本だったが、古代ギリシャ文化が混じるルネサンスあたりから男性の長髪が富や権力を誇示するツールになっていった。要するに「汗水流して働かなくてもいい身分」を強調したかったのだろうが、それこそ権威主義であり、階級社会の象徴でもあったことから、市民革命後は一気に廃れていく。これは革命の輝かしい成果というよりも、邪魔くさいのでやめたい人が多かったからだと思う。

＊権威の象徴だった2

イギリスの文化を引き継いできた香港では、今でも裁判官や検察官、弁護士が裁判所内で長髪のカツラを被る習慣がある。その様子は、ちょっと笑えるのだが、ある意味、ニュートンの時代を知る貴重な資料のひとつでもあるので、気になる人は「香港　裁判　カツラ」で画像検索を。

＊髷

戦国時代に武士が髷を結うようになったのは兜を被ったときに頭部が蒸れるのを防ぐためで、戦のなかった江戸時代には無意味だったのだが、ステータスの象徴として力のある商人なども真似するようになり、かえって普及率が高まっていくという不思議な現象が起きた。なお、よく使われる言葉である「丁髷（ちょんまげ）」とは、もともとは髪の少ない老人などが結う貧相な髷をからかった表現であり、けっして髷の代名詞ではない。江戸時代の男性の代表的な髪型は銀杏髷（いちょうまげ）と呼ばれるものだ。

権威の象徴!?

■生まれたのは山奥の寒村ではなく街道に面した農村

ニュートンの生地であるウールスソープについては、寒村、つまり貧しく寂れた村だったと書く本が日本では少なくない。

たしかに、もっとも近い町であるグランサムまで約13キロメートルも離れており、移動手段が徒歩か馬しかなかった時代には片道3時間くらいはかかってしまう（馬でも速歩しない限り、歩く速さはそんなに変わらない）。加えて、村には今の中学校に相当する学校もなく、「それ以上の教育を受けさせようとすると子供を町に出さなければいけなかった」という厳しい事情も、辺境の地といったイメージにつながっているようだ。

もちろん、そのほうが「貧しく、辛い環境を乗り越えて偉人になったニュートン」を強調することができ、伝記本の作者にとっては都合がいい。

ところが、ウールスソープについて詳しく調べてみると、寒村という言葉はあまりあてはまらないことがわかってくる。

まず、その場所だが、手元にパソコンかスマートフォンがあるなら、グーグル・マップで「Woolsthorpe Manor」と検索してみてほしい。すると、生家のあったところに一瞬で飛んでいけるだけでなく、少し上に「あの」リンゴの木があったとされる場所まで示されるので、ちょっとうれしくなってしまう。

このとき、併せて表示される写真がニュートンの生家だ。イギリス発祥の**ナショナル・トラスト***という制度のおかげで４００年近く前の歴史的建造物がこうやってちゃんと保存されているのだから、興味のある人は、旅のついでに立ち寄ってみてはどうだろうか。科学史を塗り替えた万有引力の法則が発見されるきっかけとなった場所だけに、下手なパワースポットより御利益はあると思う。

話を戻そう。生家の場所を特定できたら、今度は地図の縮尺を変え、周囲にまで目を向けてほしい。すると、ウールスソープは「Ａ１」と表示された道路の沿線にあることがわかるはずだ。

この道はイングランドの首都ロンドンとスコットランドの首都エディンバラを結んでおり、名称からも想像できるようにイギリスにおける主要幹線の一つである。昔の街道と今の自動車道がすべて同じところを通っているわけではないが、古い地図でもウールスソープのそばに大きな道が通っていることは確認できるので、人や物の行き来が盛んな場所であったのは事実だと思う。

ちなみに、ウールスソープはロンドンから北に170キロメートルほど行ったところに位置し、東京からこのくらいの距離を進むと関東平野を突き抜けて栃木県や群馬県北部の山間地に到達してしまうことから、「ニュートンは山深い村で生まれ育ったのか……」と思い込んでしまう人がいそうだが（事実、そういった挿絵の入った伝記本があった）、このあたりも勘違いしないほうがいい。イギリスのメインランドであるグレートブリテン島は火山などによる地形の変動が数億年前に終わった古期造山帯に属し、長期にわたって雨風などによる浸食を受け続けてきたことから、険しい山は存在しない。特に南部のイングランドはもっとも標高の高いところでも978メートルしかなく、ほとんどの場所はちょっとした丘がある程度の平坦な土地だ。したがって、「町から離れた村」であっても十分に開けており、日本列島のように山を越えたり、谷底を抜けていかないとたどり着けないわけではない。

イギリス人が書いた資料をいくつか読むと、ウールスソープは農業さえやっていれば普通に生活できる**平均的な農村***だったことがわかる。しかも、ニュートンの生家は自分で土地をもつ自作農であり、その中でも身分の高いヨーマン（後述）と呼ばれる独立自営農民だった。したがって、貴族たちに上納する必要もなかったし、農場の経営者として自分の土地を**小作人たちに耕作させる***ことで不労所得を得られたから、そこそこ豊かな生活ができたはずなのである。

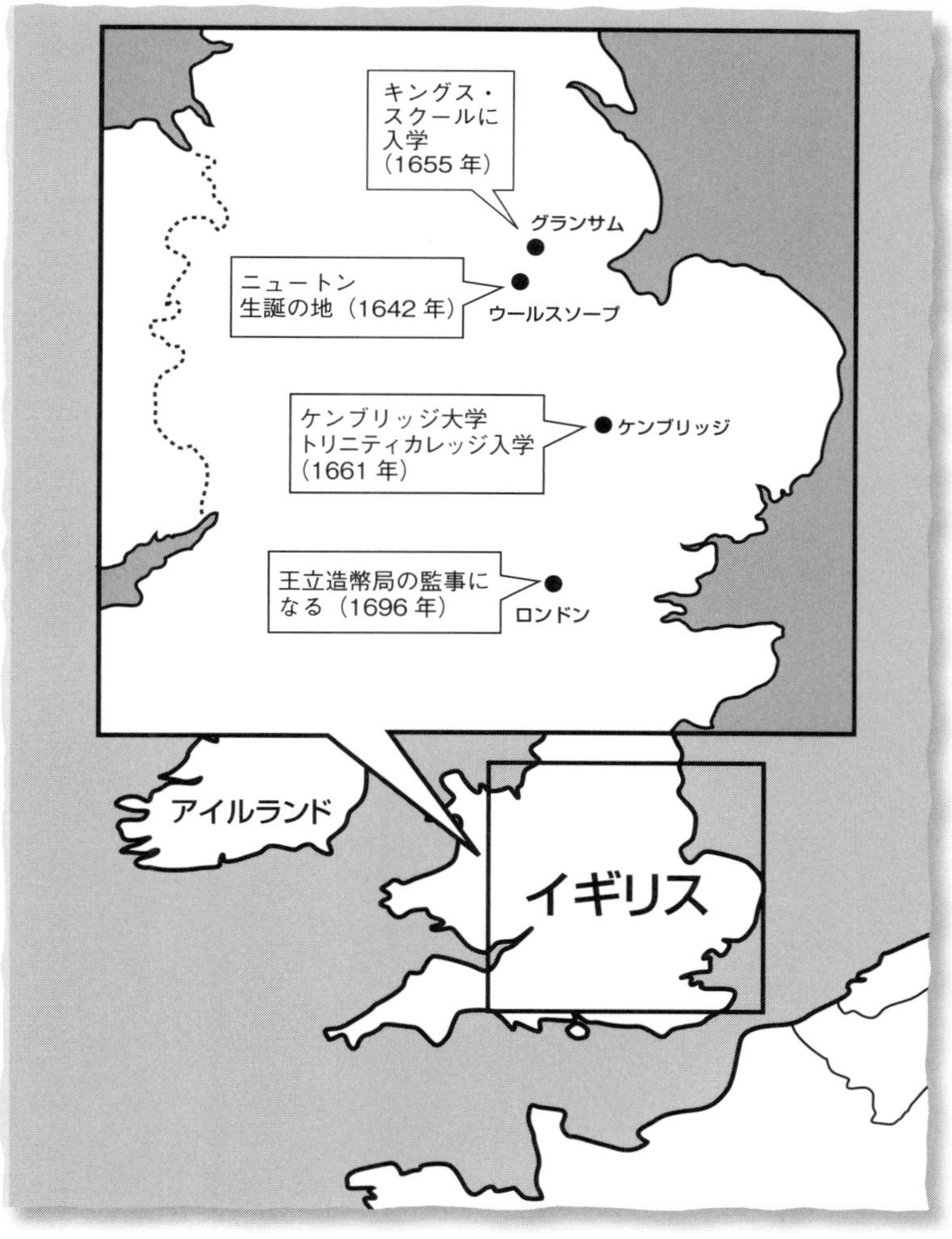
キングス・スクールに入学（1655 年）
グランサム
ニュートン生誕の地（1642 年）
ウールスソープ
ケンブリッジ大学トリニティカレッジ入学（1661 年）
ケンブリッジ
王立造幣局の監事になる（1696 年）
ロンドン
アイルランド
イギリス

ニュートン関連の地図

Deep View

＊ナショナル・トラスト

歴史的建築物などを保護するため、多数の会員によって構成される民間の公益団体が所有者から買い取り、国民共有の資産として管理・運用していく手法。20世紀初頭から法整備が進み（ナショナル・トラスト法）、対象となる資産は売却や抵当にされないうえ、国会の許可がない限り強制収用もされないので、確実に保存できるというすぐれた制度である。

＊平均的な農村

一応、「寒村」と書かれていることに何か根拠があるのかと思い、「Woolsthorpe & poor village（寒村にあたる英語）」で検索してみたが、特に関連を示す情報はみつからなかった。

＊小作人たちに耕作させる

土地を持たない農民は、通常、農奴と小作人に分けられ、前者は農場に縛られる奴隷的な存在、後者は労働契約に基づくサラリーマン的な存在となる。イギリスでは1381年のワット＝タイラーの乱によって農奴制は撤廃されたことになっているので、ヨーマンの農場で働く人は小作人だったと思う（農奴と小作人がどこまで明確に分離できるのかは、よくわからないのだが……）。

■粗野な父と若く教養のある母

それでは、ニュートンの両親はどんな人だったのだろうか。

父親の名前もアイザックで、ニュートンが生まれる3カ月前に亡くなってしまったことから、その名を引き継いだとも考えられるのだが、欧米では今でも「**長子***には父親と同じ名前を付ける**」といった慣習を守っている家が少なからずあるので、命名の仕方として特にめずらしいわけではない。

父方のニュートン家については、もう一代前、つまりニュートンの祖父にあたる人の名前がロバートだったということ以外にはほとんど情報がなく、目立った家系ではなかったようだ。それどころか、父親は文字の読み書きすらできず、自分の名前も「×」といった記号で表していたそうだから、教養とは無縁の環境である。もっとも、そのころは貴族でもなければ字を覚える必要はなかったのでめずらしい話ではなく、要するに平凡な農民だったということだろう。

ただし、性格にはかなり難があったようで「**野蛮***で金遣いが荒く**、意思が弱い男だった」といった人物評が残っている。かなりの言われようだが、他にフォローするような証言もみつからなかったので、あまり魅力的な人物ではなかったようだ。

ところが、そんな冴えない男が37歳と中年期に差し掛かったころ、19歳という若さで嫁いできたのがニュートンの母となるハナ・アスキュー（1623〜1679）である。

アスキュー家は階級でいえばジェントリにあたり、ニュートン家のヨーマンよりひとつ高い身分になる。**貴族ではないものの**（したがって、農業などの生業を持っていた）、一応、ここから上が上流階級だとされていたので、当時の社会では支配層に属すると考えていいようだ。このため、一族には司祭や薬剤師、建築家といったエリートも多く、ハナ自身も**ちゃんとした教育を受けていた**。しかも、結婚するときには実家から「生活に困らないだけの収入のある農場」を分け与えられており、それらを考え合わせると、ウールスソープのような田舎では良家のお嬢様といった存在だったのではないだろうか。

となると、そんな華やかな境遇の娘が、18歳も年上の野蛮で教養もない男と、なぜ、所帯を持ったのかがわからない。この点については多くの資料も疑問を示しており、ニュートン伝に残る大きな謎の一つである。

それでも、結婚してすぐに子供を授かったのだから、夫婦仲はよかったのだと思う。ところが新婚生活はわずか半年ほどで終焉を迎えた。前述したように父親はニュートンが生まれる3カ月前に病死してしまうのである。

早すぎる夫の死はショックだったとは思うが、残されたニュートン家の財産と実家から相

とっても良くできたお母さん

続した農地を合わせれば生活には困らない。耕作や家畜の世話は農場で働く小作人たちにまかせればいいのだから、経営者としてしっかり管理し、息子がその役をこなせる年齢に達するまで、がんばって育てていけばいい。家には彼女の両親も同居していたらしいので（どういう経緯でそうなったかは不明）、子育てにも協力してもらえる。夫を亡くした女性としてはかなり恵まれており、おそらく、ハナも気持ちを切り替えて新しい生活をスタートさせたはずだ。

なお、ニュートンは生まれたときには非常に小さかったそうで、イギリスで書かれた本では「クォートマグカップに入りそうなほどだった」と説明されている。1クォートは1リットル強だから、これが正しければ赤ん坊の体重は1キログラム程度になってしまい、今なら超低出生体重児としてNICU（新生児特定集中治療室）で治療を受けるレベルだ（ほとんどの場合、問題なく退院する）。しかし、ニュートンはその後も特に**生命の危機はなく**、*順調に成育していったのだから、この表現は誇張であり、それほど深刻な状況ではなかったと考えている。

Deep View

＊長子には父親と同じ名前を付ける
その場合、親には「Sr.（シニア）」、子供には「Jr.（ジュニア）」を付けて区別するほか、代々続く場合は「世」で表すので、3代にわたって同じ名前であるマイクロソフトのビル・ゲイツの名前は正式にはウィリアム・ヘンリー・〝ビル〟・ゲイツ3世（William Henry "Bill" Gates III）となるそうだ（つまり、欧米において「○世」とは姓ではなく名を継いだという意味になるため「ルパン三世」という名称はおかしく、海外でこの作品を紹介するときには主人公の名前はArsenè Lupin IIIになっている）。
https://en.wikipedia.org/wiki/Lupin_the_Third

＊野蛮で金遣いが荒く
もっとも、この人物評は妻のハナが後に再婚する相手によるものなので、多少は差し引いて考える必要がある。

むしろ、注目すべきは「金遣いが荒く」の部分だろう。つまり、無駄遣いできる程度の金は持っていたわけで、ここからも、一部の資料が書く「ニュートン家は貧乏だった」という説明はまちがいだとわかる。

＊貴族ではないものの

ヨーロッパの貴族制度は日本人にはわかりにくいが、上からざっくり並べると公爵（Duke）、王子・公子（Prince）、侯爵（Marquess）、伯爵（Earl）、子爵（Viscount）、男爵（Baron）、騎士（Knight）となり、イギリスのジェントリとヨーマンはその下の身分になる。ちなみに、正式な貴族は男爵以上で、ナイト（騎士）は準貴族、ジェントリが準々貴族、ヨーマンが準々々貴族になるのだそうだ。ここまでが土地持ちで、それ以下が被支配層の庶民（コモンズ）となる。

＊ちゃんとした教育を受けていた

おそらく「文字の読み書きがちゃんとできた」といった程度だとは思うが、それでも、女性の教育がほとんど考えられていない時代ではめずらしいことだ。

＊生命の危機はなく

それどころか、かなり元気なまま84歳まで生き、死ぬまで髪の毛はふさふさ、失った歯も１本だけという健康優良者だった。

■母が家を出て行ってしまった事情とは

ニュートンの人生を追っていくとき、もっとも理解しにくいのが、3歳のときに母親が再婚し、子供を残して家を出て行ってしまったというエピソードだ。今だったら「年齢や身分の壁を越えて運命の相手と結婚し、子供まで授かったのに、死別して3年しか経たないうちに新しい人のもとに嫁ぐなんておかしい」「再婚したからといって、前夫との子供を見捨てるなんて信じられない！」と、非難囂々だろう。

しかし、このあたりも時代背景を考慮したうえで判断していかなければならない。

前提としてあるのは、当時、社会を構成する最小のユニットは個人ではなく、家族（夫婦＋子供）だったということだ。したがって、**一生**[*]**、単身者のまま過ごす**のはかなりレアであり、既婚者が配偶者を失ったときにも、すぐに**相手**[*]**を紹介されて**再婚するケースが多かった。

これは、そのころのイギリスが特別だったわけではなく、日本を含む多くの国で同じだったと思う。「男が稼ぎの中核となり、女が家事や子育てをする」という生活スタイルしか選べない社会では、単身者に対して「まだ結婚しないのか？」「早く再婚しなさい」といったプレッシャーが常に押し寄せる。特に女性が1人で生きていくのは大変だっただけに、20歳で子持ちの未亡人になってしまったハナにもいろいろ誘いがあったはずだ。そうなると、気持ちも揺らいでくる。

しかし、いくらそうだったとしても、41歳も年上の男性との再婚という道を選んでしまったのは、どうなのだろう？ 彼女の趣味なのか、あるいは、それが不自然ではない社会だったのかは謎のままだ（個人的には時代を越えて「不自然」だと思う）。

ハナの再婚相手はウールソープから２・５キロメートルほど南に行ったノース・ウィザムに住むバーナマス・スミス（１５８２〜１６５３）という牧師（司祭）だった。彼は64歳になるまで独身を貫いてきたのだが、この時代にそんなことができたのは、**教会という共同生活施設***で早くから高い地位に就いていたからだろう。このため、十分な蓄えはあったし、収入も保証されていたので、年齢差さえ考えなければ結婚相手としての条件は悪くはない。

ただし、このスミスという人物、とにかく癖が強かった（だから、この年まで結婚できなかった？）。もっとも変なのは、妻の連れ子であるニュートンを自分の息子として認めず、それどころか、いっさい関わりを持とうとしなかったところだ。このため、ハナだけを嫁として迎え、ニュートンは実家に残したまま、近づくことも許さない。まだ3歳の幼子への態度としては相当に異常だといえる。

さすがに彼らの心情まで記録した資料はないので、ここからは時代背景も考慮しながら想像を加えてみる。

スミス牧師はかなりの教養人であり（オックスフォード大学リンカン・カレッジ出身）、蔵書もたくさん持っていたので、今で言うオタク的な生活を好んでいたのではないか。本をむさぼり読んで知識を蓄えていくことに喜びを感じ、家庭を築いていくことには関心がなかった。教会にいれば生活の面倒をみてくれる人は大勢いるので、家事をさせるために妻を持つ必要はない。

ところが、60代になって不安を感じたのだろう。残りの人生が短くなってくると、死後に自分の遺志や財産を受け継いでくれる後継者がほしくなるのはよくあることで、急遽、方針転換を考えたところ、近所に若くして夫を亡くした女性がいた。しかも出産の経験があれば自身の子供を産んでくれる可能性は高い。

一方、ハナにしてみれば、まだ若いのに農場の経営だけをして生きていくのは寂しい。できれば、[*]**もっと子供がほしい**ので再婚したいが、田舎だけに、なかなかいい相手には巡り会わない。

そんなとき、裕福で安定感抜群の男性から話が来た。年齢の差について彼女がどう思ったかはわからないが、結婚していないと生きていくのが難しい時代、このあたりの基準は今よりかなり緩かったのだと思う（同世代の貧乏な男より、歳の離れた裕福な男を好むのは、日本でも半世紀ほど前まで「あたりまえ」だった）。

長男を彼が受け入れてくれないのは問題だが、現状では実母が家を守っていてくれるので（実父については不明）、しばらく子育てをまかせても大丈夫だ。それなら、亡夫の家に残って未亡人として過ごすより、新しい家で子供を産み、家族を増やしたほうが豊かな人生を送れる。

実際、ニュートンは祖母のもとでちゃんと育っていくのだから、ハナの選択は結果的にまちがってはいなかった。

ここからは邪推だ。

跡継ぎがほしいという理由だけで遅い結婚をしたスミス牧師にとって、実子ではないニュートンは最初から対象外だから、家に入れる気はない。財産の相続権も、その後、生まれた実子たちだけに与えているので、このあたりの方針は明確だ。

しかし、ハナはもっとしたたかで、そんな思惑を十分に知りながら、64歳の夫の存命期間がそんなに長くないと考えて再婚に踏み切ったのではないだろうか。医学も発達していない時代、70代まで生きる人は少なかったから、どう考えても結婚期間は10年以上続かないはずだ（実際、7年間だった）。

そうなると、生きているあいだは新しい夫に尽くし、出産に専念する。そして夫が亡くなったら自分の農場に戻り、成長したニュートンに経営をまかせてのんびり余生を過ごす。こんなライフプランを描いていたように思えるのである。

3歳の息子を託して家を出るのは、若い母親にとっても苦渋の決断だったはずだ。しかし、選択肢が少ない田舎の村において、老牧師との再婚は望ましい要素のほうが多い。だからこそ、あえてその道に突き進んだハナに女の強さを感じる。

もっとも、母親を奪われたニュートン少年の怒りは、相当、大きかったようで、終始、再婚相手を恨んでいた。ただし、ハナが家を出て行ったころには、まだ3歳であり、あまりリアルな記憶はなかっただろうから、その後、祖母などから話を聞き、恨みを増幅していったのではないかと想像している。

Deep View

＊一生、単身者のまま過ごす
今のように単身者の生活に便利な店やサービスがない時代、女中や下男を雇えるような身分の人以外、独身を貫くのは難しい。

＊相手を紹介されて
最小ユニットが夫婦である社会では、世界中どこでも「見合い結婚」が基本である。自由に恋愛結婚ができ

たのは、生活に余裕がある特権階級か、惚れた相手がたまたま条件に合っていたという希有な人だけだ。

＊教会という共同生活施設

誰かが家事をやってくれるので、単身者でも生活上の不便はない。また、多くの宗教において「聖職者はできれば結婚といった俗塵にまみれないほうが望ましい」とされるので、牧師が長く独身でいることは特におかしくはなかった。

＊もっと子供がほしい

これは単純な母性意識ではなく、若くして病死する確率が今の何倍、何十倍も高い時代には、できるだけ多くの子を出産し、後継者が生き残る可能性を高めようとするのが家系を守る女性の務めだった。

■母親代わりだった祖母への不思議な態度

スミス牧師の教会には高い尖塔があり、ウールソープからも眺めることができたという。とすると、ニュートン少年は毎日のようにそんな風景を目にし、母への想いと、義父への恨みを強めていったはずだ。

ただ、不思議なのは、ハナに対しては憎しみにつながる感情をいっさい示さなかったことである。ニュートンは、終始、親孝行で、後に母親から「学校を辞めて家の仕事を手伝ってくれ」と言われたときには、あっさり退学してしまうし、彼女が亡くなるときには実家に戻り、渾身の看病をしていたほどだ。そんなことから、「ニュートンはマザー・コンプレックスであり、だから生涯結婚しなかったのではないか……」などと言われるのだが、そのあたりはよくわからない。ただし、マザコンはともかく、単身者を続けたことについては、後述するように別の理由があると思う。

母への想いが強かった一方、幼少期にずっと面倒をみてくれた祖母については、なぜかひどく冷淡だ。感謝を示したといった記録がないどころか、後年になっても祖母のことを一言も話していない。このため、「母がいなくなってからの家の中がどんな様子だったのか?」

とか「祖父（ハナの父）も同居していたはずだが、彼は何をしていたのか？」といったけっこう重要な情報が抜け落ちており、**伝記作家をやきもきさせる。**＊

ここでも邪推するなら、もしかするとハナの再婚話を積極的に進めたのは両親であり、だからこそ「母親を奪った犯人」としてニュートンの恨みを買っていたのではないだろうか。なぜ、そう思ったのかというと、普通に考えたら、そっちのほうが自然だからだ。

聖職者であり、しかも高い尖塔まである教会を仕切っているスミス牧師は、準々貴族のジェントリから見れば格上である。アスキュー家としては、ぜひ関係を持っておきたい相手であり、そんな人物から「娘さんと結婚したい」と申し出があれば、断る理由はない。しかも、お金持ちであり、オックスフォード大学まで出たインテリなのだから、どう考えても「野蛮で教養もなく、自分たちより身分の低い」前夫よりはいいだろう。

そういう意味では政略結婚の臭いがするものの、それでも再婚したハナは妻としての役目をしっかり果たし、スミス牧師とのあいだに一男二女をもうけた。そして１６５３年に夫が亡くなると、ハナ・ニュートン・スミスとなって再び最初の嫁ぎ先に戻ってくるのである。

遺言により、スミス牧師の遺産は大半が実の息子であるベンジャミン・スミスに与えられた。また、２人の娘メアリー・スミスとハナ・スミス（母親と同じ名前）にも彼女たちが結婚したときにはそれなりの財産が相続されるようになっていたし、ハナにも**土地が分けられた**(*)ので、父親として、あるいは夫としての責任は果たしている。

ただし、義理の息子であるニュートンに対しては、何も遺さないどころか、そもそも遺言では一言も触れていなかったそうなので、冷酷さは徹底している。とにかく、スミス牧師の中では、アイザック・ニュートンという人物はいないことになっていたようだ。

ところが、そんな冷遇をされたにもかかわらず、「遺産」による恩恵をもっとも受けたのはニュートンだったのだから、やはり彼は強運の持ち主だ。

ハナは自分の家に戻るとき、スミス牧師の蔵書をごっそり持ち帰ってきた。革表紙の立派な本が全部で200冊近くあったそうで、時代を考えれば、**それだけでも相当な財産**(*)である。

おそらく、将来、当主になるニュートンへの教育に役立てばいいと考えたうえでの行動だろう。まだ10歳の子供には難し過ぎる本ばかりだったが、それでも母親の目論見通り、彼は成長するにつれて少しずつページを開き、最終的にほとんどの本を読破することで人生に必要な多くのものを学んでいった。牧師の蔵書だけに宗教書は一通り揃っていたはずで、ニュートンが後に**ピューリタン**(*)**として活躍していく素地**はそれらを読むことでつくられていったと考えられる。

母からのプレゼント

スミス牧師の本棚には書籍だけでなく備忘録などの雑記帳（要するにノート）も並んでいた。勉強熱心だっただけに、そこに新しい知識などを書き込んでいたらしい。幸いなことに未使用のものも残っていたようで、それもハナによってニュートンにわたされた。まだ紙がとてつもなく貴重だったころ、田舎の村に暮らす少年が自分だけの自由帳を手に入れることができたのだから、こんな幸運はない。そして彼は、学んだことや思いついたことを次々と記録していくことで、知識を深めていった。

その他、蔵書の中には、もう1冊、ニュートンの人生を決定づける本があったのだが、これについては後述する。

ここで言えるのは、ニュートンはスミス牧師に大きな恨みを感じていたものの、最終的には彼の財産を最大限に利用し、人生の成功につなげていったということだ。このあたりの頭の切り替えの速さも、天才である所以だと思う（いつまでもつまらないことにこだわっているやつは出世しない）。

一方、ハナとスミス牧師とのあいだに生まれた子供たちは、「血統」からいえばニュートンよりも恵まれていたはずなのに、特に**目立った活躍はせず***、歴史の中に埋もれていった。それを考えても、この『大人が読みたい……』のシリーズで何度も何度も書いているように「人は氏より育ち」なのである。

Deep View

＊伝記作家をやきもきさせる
したがって、このあたりの生活の様子を細かく描いている本があったとしたら（児童書ではよくある）、作者の創作というか、「でっちあげ」の可能性が高い。

＊土地が分けられた
実際に土地が引き渡されたのではなく、スミス牧師あるいは教会の所有する農場から得られる利益の一部が与

えられたのではないかと思う。

＊それだけでも相当な財産

羊皮紙に手書きしていた時代、本の価格は家１軒分にも相当すると言われていた。15世紀半ばにグーテンベルグが印刷法を発明したことで多少は安くなったとはいえ、それでも今の価値で１冊数十万円～数百万円はしたと考えられるので（紙が高かった）、２００冊なら数千万円以上だ。

＊ピューリタンとして活躍していく素地

イギリスでは１６４１～１６４９年の清教徒革命と１６８８～１６８９年の名誉革命によって挟まれた時期が歴史的には市民革命だとされているのだが（すべて合わせてイギリス革命とかブリテン革命と呼ぶ）、ここで主役となったのがピューリタンであり、ニュートンが熱心な宗教家であったことは彼の出世にとっても重要な役目を果たした（名誉革命にも参加している）。また、当時の大学は宗教施設と一体だったので、「科学には詳しくても宗教の知識には疎い」といった人物だったら成功できなかったはずだ。

＊目立った活躍はせず

異父妹ハナ・スミスの娘で「姪」にあたるキャサリン・バートンは晩年のニュートンと同居して生活上の面倒をみていたことから、一応、記録には残っている。すごい美人だったとか、ニュートンの教え子で大蔵大臣も務めたチャールズ・モンタギュー（後述）の愛人だったとか、いくつか噂はあるが、歴史上、大きな役割を果たしたわけではない。英語版ウィキペディアには項目がある。https://en.wikipedia.org/wiki/Catherine_Barton

■「中学校」へ進めたのは強運が重なったから

ここからはニュートンが受けてきた教育について考えていく。

彼が暮らしていたころ、ウールスソープ村にもすでに子供のための学校があり、読み書き程度は学べたという。ただし、親が期待していたのは「聖書が読めるぐらいの語学力を身につけさせること」でしかなかったので教育内容はかなり限られたものだったようだ。おそらく私塾のような小さな教室がぽつぽつと生まれてきた程度で、今のような立派な小学校を想像してはいけない。それでも、父親の世代は「読み書きできなくてあたりまえ」だったのを考えれば社会は少しずつ変わりつつあったようで、そういう点でも**ニュートンは時代に恵まれていた**と思う。*

さらにラッキーだったのは、彼が10歳のときに母ハナが嫁ぎ先から戻ってきたことだ。亡き夫の遺産を相続したことで、それまでの財産と合わせて家はかなり裕福になっていた。そのおかげで、ニュートンは12歳になると上の学校に進ませてもらうことができたのである。

ただし、ウールスソープには中等教育を受けられるような学校はなかったので、進学しようとするなら村を出てグランサムに下宿しなければならない。金銭的なことも含めて大きなハードルであり、ほとんどの子供はそれを越えられなかった。上の学校まで行けたのは村でもほんの数人だったといわれており、それを考えてもニュートンは強運の持ち主だったことがわかる。

このような地域の小さい学校（初等教育機関の走り？）の次の受け皿として、そのころ、イギリスの各地につくられていたのがグラマースクールと呼ばれる学校だった。直訳すれば「文法学校」となり、これは当初の目的がラテン語の教育にあったからだ。

当時のヨーロッパではラテン語が宗教や学問の標準語だったので、地位を高めていくにはその知識が欠かせない。また古典を理解するには古代ギリシャ語も知っておくと便利だし（『新約聖書』のもっとも古い写本はギリシャ語で書かれていた）、さらにヘブライ語も囓っておけば『旧約聖書』を原書で読むことができる。つまり、古い言語を覚えることが教養人の必須条件であり、そのため、語学を重点的に教える時代が長く続いた。島国であるイギリスは大陸ヨーロッパへのコンプレックスが強かったので、先進地域の文化に学ぼうとすれば、当然、こういった教育スタイルになる（日本だって江戸時代まで漢文と梵語の勉強が重要だった）。

しかし、どんな目的であったにせよ、せっかく学校ができたのなら、もっと有効活用したい。そんなわけで、少しずつ「文法」以外のカリキュラムも拡充していく。具体的には国語

(要するに英語)、歴史、地理、数学、自然科学といった科目が加えられていったのだが、まだ統一された教育制度がなかっただけに、方針は学校によってまちまちだ。したがって、ここでも運が試されることになる。

ニュートンが通ったグランサムの学校は、資料などではキングス・スクールと書かれることが多い。キングス・スクールとは16~17世紀にイングランド中で設立されたグラマースクールの一種で、そういう学校が近くの町にあったというだけでも恵まれている。

加えて、この学校はカリキュラムの拡充に非常に熱心だったらしく、数学などを積極的に教えていた。だからこそ、ニュートンは興味のあることを学べ、次の段階に進めたのである。

Deep View

＊ニュートンは時代に恵まれていた

もし彼が一世代前の人物だったら、ほとんど教育を受けられなかった可能性が高い。しかし、とりあえず字を覚えることができれば先の学校にも進めるわけで、そう考えると、やはり生まれた時代は重要だ(氏より時代?)。

■成績がビリからトップになった理由

グランサムの町でニュートン少年が寄宿していたのは、ウィリアム・クラークという薬剤師の家だった。彼についてはハナの親戚筋だとする資料もあるのだが、比較的、史実に正確な**岩波新書の**＊**『ニュートン』**（島尾永康著）では「（ウィリアムの）後妻がニュートンの母ハナと友人だったから」と書いているので、こちらを採用したい（姓がアスキューではないし）。ただ、親戚だろうと友人だろうと、そこに頼れる知人がいたから大事な息子を安心してまかせることができたのだから、これもニュートンの運の強さだ。

もうひとつ、そのころの薬剤師は市販されている薬剤を調合するだけでなく、化学実験のようなことをして独自の薬品をつくることもあったそうで、ニュートンは興味を示し、仕事を手伝っていたという。その結果、薬学や医学の知識を身につけることができただけでなく、実験の楽しさも知る。後年、錬金術に熱中していくルーツはここにあるわけで、そういう意味でも下宿してまで上の学校に通えた意義は大きかった。

なお、クラーク家には奥さんの連れ子であるストーリという女の子がおり、ニュートンは彼女に好意をもっただけでなく、恋に発展したとの話もある。その後、ケンブリッジ大学に進学してしまったことで関係は進展しなかったのだが（交流は晩年まで続いた）、生涯、独身を通したニュートンにとって唯一のロマンスである。

キングス・スクール時代のニュートンはとにかくおとなしい少年だったらしく、他の男の子たちとふざけあって遊ぶようなことはほとんどなかった。先ほどのストーリの証言でも、「いつも陰気で、口数が少なく、考えこんでいるような少年だった」となっており、十代前半の男の子としては、けっこう変だ。しかし女の子たちにはやさしく、ままごとで使う「小さなテーブル、食器棚、赤ちゃんや装身具をのせる家具など」をつくってくれたという。

そんな内気な少年が田舎から町の学校にやって来たら、地元の生徒からいじめられるのはよくある話で、ニュートンも同級生から暴力を受けることが何度もあったという。グランサムの学校は教育熱心だった分、成績重視で優劣をはっきりしたがった。たとえば、生徒を列に並べるのも点数順といった具合だったらしく、入学当初、あまり熱心に勉強しなかったニュートンは悪い意味で目立ってしまった。

ところが、ある日、自分の成績のいいことを鼻に掛けるような生徒から身体がよろけるほど強く蹴られたニュートンは、そこで何かのスイッチが入ったのか、相手を校庭に呼び出してボコボコに殴ってしまう（仲間まで投げ飛ばしたという話が伝えられている）。その結果、級友たちからも一目置かれるようになり、それで自信がついたのか、勉強にも身を入れるようになったという。資料などを読むと成績は「ビリの列からトップの列になった」と書かれ

ケンカに勝って自信をつけた

ているので、まさに目覚めたのだろう。

ところが、ニュートンの人生がようやく軌道に乗りかけたにもかかわらず、それを邪魔する人物が現れた。皮肉なことに、それは母親である。キングス・スクールに通って４年半ほど経ったとき（時期については諸説ある）、突如、呼び出しがかかり、家に戻るように命じられたのである。要するに「そろそろ農場の経営を手伝ってほしい」という話なのだが、なぜ、卒業まで待てなかったのか、このあたりはよくわからない。

一つ考えられるのは、まだ学

校への理解がそれほど高くない時代、「卒業」という概念が広く知られていなかったからではないだろうか。そのころ、一般の人々が知っていた教育施設といえば私塾ぐらいしかなく、早い話、ピアノ教室とか英会話スクールと同じようなものだから、そこには生徒全員が同時に到達する卒業というゴールはない。状況を考えれば、ハナがキングス・スクールにそういったイメージを持っていたとしてもおかしくはなく、「4年も通わせてやったのだから、そろそろ働いてくれ」と思ったのだろう（16歳という年齢は、昔なら、十分、大人だ）。

そうだったとしても、わからないのはニュートン本人の気持ちだ。ようやく勉強の楽しさを知り、成績もトップクラスになった。ラテン語やギリシャ語だけでなく、**数学の基礎***も学ぶようになり、工作が好きだった彼にとっては楽しかったはずだ。それにもかかわらず、母の命令だからとあっさり退学し、実家に戻ってしまったのは、どんな心境だったのだろうか。しかも、もっと不思議なのは、そうやって母親の言いつけを守って実家に戻ったにもかかわらず、熱心に働こうとはしなかったことだ。一日中、本を読み続け、目の前で家畜が逃げても気づかないほどだったという。

その話を知ったとき、これは学校に戻りたいニュートンによるサボタージュなのかと疑ったのだが、どうも、そうではないらしい。彼の母親への愛の深さは生涯を通して見せたさまざまな言動が証明しており、呼び出しに応じるのに迷いはなかったように思う。それでも農作業に身が入らなかったのは、単純に「向いていなかった」からだろう。彼はすでに「身体を動かすよりも思索を巡らせるほうが楽しい」という人間になっており、集中すればまわりが見えなくなってしまうタイプでもあったので、勉強を続けることも母親の言葉に従うのと同様に自然だったのである。

そんなニュートンの性格をよくわかっていたのがキングス・スクールの校長であり、またその知人でもあるハナの弟ウィリアム・アスキューだった。彼らはウールスソープを訪れてハナに会い、ニュートンを復学させてほしいと願い出る。母親は渋り、「これ以上、学費は出せない」と言い放ったそうだが、それに対して校長は授業料の免除を約束したというから、ニュートンへの期待は大きかったのだろう。

叔父のウィリアムの気持ちも同じで、自分が学んだケンブリッジ大学のトリニティ・カレッジにニュートンを入れようと考え、校長も賛同した。そんなことから、とんとん拍子に復学が決まり、やがて大学に進むことになる。

ただし、ここでもニュートンの心の動きは不明だ。校長先生と叔父さんが彼のために熱心に動いてくれたにもかかわらず、「2人のおかげで今の私があるのだ」といった話をすることは一度もなかった。あのまま「ダメな農夫」になるつもりだったのか、あるいは勉学で身を立てたいと思っていたのか、天才の頭の中はなかなか読めないのである。

Deep View

＊岩波新書の『ニュートン』

最初は1979年に出版され、その後、1994年に「岩波新書評伝選」として再出版された（おそらく改訂版）。本書の執筆にあたりいろいろな資料を集めたが、結局はこの本と、丸善出版から2013年に出た『ニュートンと万有引力　宇宙と地球の法則を解き明かした科学者』（ケリー・ローガン・ホーリハン著／大森充香訳）が一番役に立った気がする（どちらも非常に多くの原資料にあたり、検証を加えたうえでまとめている）。

＊数学の基礎

初等教育がまともに行われず、グラマースクールでもようやく語学以外の授業が始まったような時代だけに、四則演算（要するに足し算、引き算、掛け算、割り算）を教える程度だったようだが、それでも、そこを通らなければ代数学も幾何学もできないのだから、ニュートンにとっては貴重な経験になったはずだ。

■ケンブリッジ大学という新天地への旅立ち

１６６１年6月、ニュートンはケンブリッジ大学の生徒となる。ただし、この場合の「大学」も今の大学と同じように考えると誤解を生むので、補足しておきたい。

１２０９年に設立されたケンブリッジ大学は英語圏ではオックスフォード大学に次ぐ歴史を誇り、現在までノーベル賞受賞者を１００人近く輩出した名門校だが、ニュートンが入学したころはそこまでレベルが高い学校ではなかった。そのころ、すでに大陸ヨーロッパの多くの大学では科学や数学、医学、歴史学などの新しい学問を熱心に教え始めていたのに、イギリスでは依然として古典を読むための語学教育が重視されていたのである。また、入学してくる学生のレベルも今の大学生と比べるとかなり低かったので（掛け算や割り算ができればいいほうだ）、そんなに難しいことを教えられるわけがない。つまり、現在の高等学校と大学の前期を合わせたような学校だと考えておいたほうがブレは少ないと思う。

もうひとつ、ケンブリッジ大学やオックスフォード大学が採用していたカレッジ制という独自のスタイルについても説明しておいたほうがいいだろう。

ニュートンはそこからどんなヒントを得て、形にしていったのか？

400年近く前に出版された本だけに、さすがに入手は困難かと思われたものの、ネット社会はすごい！ 1時間ほど探索したら、あっさり、みつかってしまった。そこでページの一部と、もっと詳しい情報が入手できるURLを紹介しておく。

https://publicdomainreview.org/2011/11/28/the-mysteries-of-nature-and-art/

http://www.uh.edu/engines/epi2442.htm

http://special.lib.gla.ac.uk/exhibns/month/nov2003.html

骸骨みたいな人形が箱に入っている道具は、うしろのタンクから流れ込んでくる水の量で時間を示す時計であり、「ニュートンは若くして水時計をつくった」というエピソードと完全に一致する。もちろん発明ではなくコピーなのだが、それでもエジソン同様、十代の早い時期にこのような工作をした経験が、科学・技術方面の才能の開花につながったのだから（しかも歴史を動かした）、今の子供たちにも、ぜひ、見習ってほしいものだ。

さまざまな偉人の人生を検証していくと、このように若いころに出会った本が方向性を決めていることは多い。だからこそ読書は重要であり、成功したければたくさんの本を読むべきなのである。

column

ニュートンにもネタ本があった!

ニュートンの小さいころのエピソードとして、「水車や水時計、日時計などをつくって周囲の大人を驚かした」といった話がよく紹介される。子供向けの伝記本の中には、その時期を10歳以下、つまり祖母に育てられていたころの出来事であったかのように描いているものがあり（「おばあさんはそれを見てびっくりしました」と書くのが定番)、最初にそれを読んだときには「ニュートンだけは知識がなくても発明ができる神の子だったのか！」と驚いた覚えがある。書いてある通りなら、その少年はほとんど教育も受けず、周囲からの情報もないのに、いきなり実用性の高い道具を完成させたことになるからだ。

しかし、そんな奇跡は、やはりなかった。どんな「発明」にも理由はちゃんとあるものだ。

母ハナが持ち帰ってきたスミス牧師の蔵書は専門である宗教書が主だったものの、その中に1冊、ジョン・ベイツ（John Bate）という著者の『自然と人工の不思議（The Mysteries of Nature and Art)』という科学技術書が混じっていた。そして、ニュートンはグランサムの学校に進むときにこの本を持参し、熱心に読んでいたことが、クラーク家の人によって語られている。

それによると、ニュートン少年は屋根裏部屋に閉じこもって本を読み続け、そこで得た知識やアイデアを部屋の壁いっぱいに描いていたという（もともと絵が好きで、部屋の壁は落書きだらけだった)。やがてそれだけでは飽き足らなくなり、材料を手に入れては、本の中で紹介されている道具などを自作していく。手先が器用だったので完成度は高く、まわりの人はニュートンがつくった水時計や日時計によって時間を知ることができたほどだった。

ここまで言われると、その本がどんな内容だったか気になる。

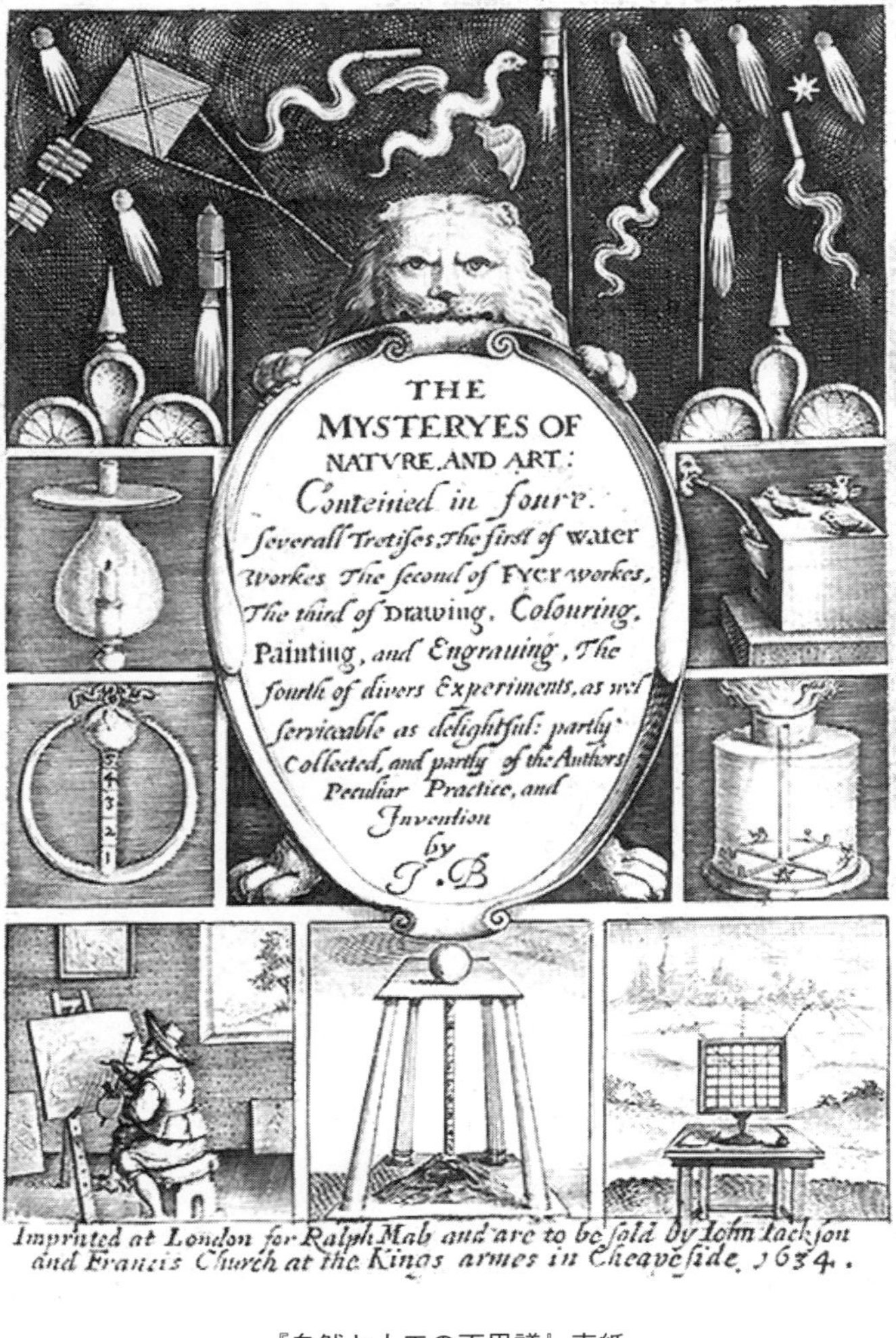

『自然と人工の不思議』表紙

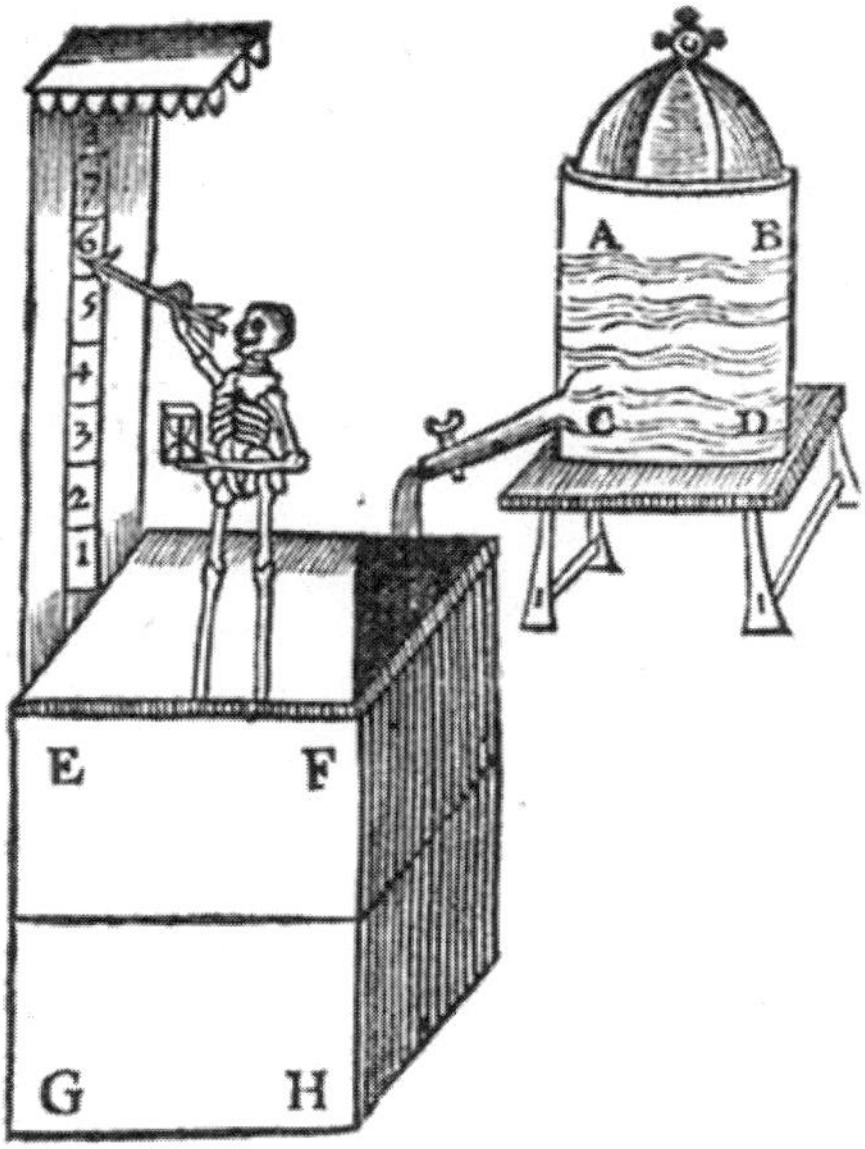

of the piller that the image with his dart pointeth at, and it is made. For note, the dropping of the water out of the cock thorow the hole of the board whereon the image ſtandeth, cauſeth the ſame to aſcend by little and little. Mark the figures.

水時計のネタ

日本ではカレッジ（college）というと単科大学や女子大学などの小規模な大学の名称に用いられることが多く（他にも高等専門学校や専門学校などの英語名にも使われている）、意味合いとしては「学部」に近い。しかし、ケンブリッジなどのカレッジは「学寮」と訳したほうがよく、しかも生徒が入学して所属するのは学部や学科ではなくカレッジのほうだった。つまり、「大学に通う」のではなく、そこで教員たちと生活を共にしながら学習を続けるのである。

このような修学スタイルはキリスト教会の全寮制修道士養成学校に起源をもつ。このため、ニュートンが入学したころのカレッジは、まだ宗教施設としての色合いを強く残しており、教員はイギリス国教会徒でなければならなかったし、聖職者でもあるため生涯独身であることなどが義務付けられていたほどだ。要するに「* **学者＝聖職者**」だったわけで、そうなると、ニュートンが生涯、結婚しなかったのも、* **大学生活が長かったから**だと考えるほうが自然だ（50代まで大学に属していた）。

ケンブリッジ大学の各カレッジには寄宿舎、食堂、講堂、教室、図書館、礼拝堂、庭園、農場などがあり、そこだけで生活が成り立つ。要するに小さな町のようなもので、昔は授業もすべてその中で行われていたため、大学はカレッジの集合体に過ぎなかった。今は「授業は学部や学科、生活はカレッジ」と役割分担されているようだが、ニュートンの時代の修学スタイルがどうなっていたのか、あまりはっきりしない。ただ、このころのケンブリッジ大学について書かれた資料の中に「科学を専攻したすべての学生に対して数学の単位取得が義務づけられていたうえ、応用数学と数理物理学の教育に力をいれていた」といった説明があったので、**大学としての共通した教育方針**は徐々に確立しつつあったようだ。

そんな大学の中で、ニュートンはどんな生活を送っていたのだろうか？

母ハナが学費を出し渋ったことから、ニュートンは「給費生」という低い身分で学生生活をスタートすることになる。授業料や生活費を負担しないでいい分、他の学生たちの雑用をしなければならず、このため級友たちには奴隷扱いをされ、かなり悔しい思いをしたようだ（下男のような役目をするだけでなく、受けられるカリキュラムや図書館など施設の利用に関しても制限が設けられていたという）。ただ、このような経験も最終的にはニュートンの人生においてプラスになった。

そのころのケンブリッジ大学の学生で最高位にいたのは「特待生（特別待遇生？）」と呼ばれる生徒たちで、裕福な貴族の家に生まれ育ち、父親の口利きで入学してきた者ばかりだ。身分社会は学内にまで及んでいたから、彼らは授業をさぼっても何も言われないし、教授たちと夕食の席を共にすることも許されていたという。

その下の階級が「自費生」で、事業主（おそらく下級貴族やジェントリ）や下位聖職者の息子が多かったという。彼らは学費や生活費の一部を負担しているのでそれなりの地位が与えられたが、それでも特待生からは蔑まれていたので、けっこう微妙な立場だ。それでも徐々に**「身分より金」*****といった時代**になりつつあったので、家が裕福な場合には裏口入学で入ってきたり、特待生と同じ境遇を得ていた者もいたという（カレッジの管理者に金を掴ませるとか）。いずれにしろ、これら上位層の学生の中に、まともに勉強する人が多くなかったことは容易に想像できる。

一方、給費生のような最下層の学生は成績によって見返していくしかないので必死になって勉強する。身分社会といっても、実力がなければ出世できない分野はたくさんあるわけで、それに気づいたころにはお互いの立場が逆転していた……なんてことはめずらしくないはずだ。

ニュートンはキングス・スクール時代にいじめっ子を殴り倒したことでもわかるように、負けん気の強さを持っていた。入学してすぐのころには上流階級出身の生徒が見せる華やかさに憧れ、遊びかけたこともあるらしいが、すぐに気を引き締め、彼らを見返そうと勉学に励むようになる。その結果、いくつかの分野では教授と並ぶくらいの知識を持つようになっていた。

なかでも、彼が得意としたのが数学である。恵まれていたことにトリニティ・カレッジにはアイザック・バローという高名な学者がいた。彼は数学の研究により、カレッジの出身者として初めて大学のルーカス教授職に就いたほどだ。

ルーカス教授職とは、まだ数学の教育が一般的でなかったころ、ヘンリー・ルーカスという金持ちの寄付によって一流の数学者を雇い、講座を始められたことから付けられた役職名で、ケンブリッジにおいては数学の最高権威を示す。ちなみに、コンピュータの基礎的な研究で有名なチャールズ・バベッジ（１７９１〜１８７１）や、「車椅子の物理学者」として知られるスティーヴン・ホーキング（１９４２〜）も、後年、その職に就いている。

ニュートンは才能を認められ、バロー博士から、直接、指導を受けるという厚遇を受けた。というより、優秀すぎて他に数学を教えられる人がいなかったというのが真相だ。そして彼は次の代のルーカス教授になる。

それにしても、そのころのイギリスに、給費生という「お金がなくても高等教育を受けられる制度」があったことは驚きだ。イタリアやフランスなどの大陸国に比べると遅れていた島国だったが、やがて世界を制する大国となっていく背景には、このような人材活用システムがあったわけで、結局、「氏より育ち」を実践した国家が勝ち抜いていけるのは歴史の必然なのである。

Deep View

＊「学者≠聖職者」という時代だった

このような宗教縛りは19世紀半ばの大学改革によってなくなり、今はイギリス国教会以外のカレッジもあるし、教授になっても結婚できるので、安心してケンブリッジに留学してほしい。

＊大学生活が長かったから

だから、「マザコンだった」とか「ストーリとの初恋が成就しなかったのでトラウマになっていた」とか、ひどいのでは「男色家だったから」といった噂は、すべて当たっていないと思う。

＊大学としての共通した教育方針は

要するに、大学がガチガチの宗教施設から学問の自由を謳歌する教育施設へと徐々に変貌していく過渡期にあったのではないかと考えている。このため、ニュートンが研究者、教員、運営者として活躍していくころには、「トリニティ・カレッジのニュートン」ではなく「ケンブリッジ大学のニュートン」といった扱いになっていく。

＊「身分より金」といった時代

ニュートンが生きてきた時代は市民革命などが進み、「身分こそすべて」といった封建社会が大きく崩れていく時期に重なっている。つまり「身分より金や実力が優先される分野」が社会の中で少しずつ広がってきたわけで、幼少期を除けばニュートンが実力だけで成功できたのは、そんな時代背景があったからだ。

第2章

「万有引力の法則」発見に伴うエトセトラ

ペストは人類史上、もっとも恐れられてきた伝染病だ。14世紀には「中国→中央アジア・インド→中東→ヨーロッパ」とシルクロード伝いに広がり、死者の数は８０００万人を上回ったのではないかと推測されている。そのころの世界人口が３～４億人程度だったことを考えると、いかに凄まじい状況だったかがわかるだろう。

ペスト菌は船に居着いたネズミや毛皮に付くノミなどによって遠くに運ばれる。したがって、検疫を強化すれば流入は、ある程度、防げるのだが、それがなかなかできなかったのは、さまざまな思惑が交錯していたからだ。中世のヨーロッパでは東方からの交易品が大きな富を生んだので、なんらかのかたちで輸入を規制しようとすると必ず反対勢力が現れる。このため、対策はいつも後手後手に回り、ペストの流行を許してしまったのである。

なかでも最悪のケースとなったのが17世紀のイギリスだ。１６６５年６月にロンドンで感染者が現れると一気に広がり、町はパニックに陥る。ペストは沈静と隆盛を繰り返しながら1年半ほどにわたって猛威を振るい、最終的には住民の約2割が死に至ったといわれている。

このときのロンドンは不幸続きで、翌年９月には大火災が発生し、全家屋の8割以上が焼失するという事態に見舞われた。つまり、ペストと火事の両方に苦しめられたわけで、首都の混乱による影響はイギリス全土に及ぶのである。

幸い、ニュートンのいたケンブリッジはロンドンから北に１００キロメートルほど離れていたことから直接的な被害は受けなかったものの、大学側は大事を取って8月には休校を決めた。カレッジごと閉鎖されてしまうのだから居場所がなくなるわけで、彼は仕方なく故郷に戻り、しばらく実家で過ごすことにする。ウールスソープはケンブリッジよりさらに北にあるので、避難先としては都合がよかった。

もっとも、普通に考えたら、この状況はけっして好ましいものではない。4月に大学を卒業し、研究者としてスタートを切ったばかりの青年が、いきなり図書館も実験室もない田舎に追いやられてしまったのである。もしペストの流行が長引けば、いつまでも学校に戻れず、他校のライバルたちとの差はどんどん広がってしまう。

ところが、ニュートンはまったく悲観的ではなかった。むしろ、学校にいたら追われるさまざまな雑務から開放され、じっくり考えごとができると喜んでいた感じさえする。なぜなら、ウールスソープに着くと、家の仕事を手伝うこともなく研究に没頭し始めたからだ。長い時間、思索に耽ったり、持参した本を読んだり、計算式を書き込んだり、ときには簡単な実験などもしながら、黙々と作業を続けていく。

おそらく、在学中から将来の研究につながるプランをいくつも持っていたのだろう。だからこそ、実家にいるあいだは次々とテーマを変えながら、さまざまな課題に挑んでいった。

結局、ニュートンの田舎暮らしは１６６７年4月まで続いた。途中、ペストの流行が一時

1665年 4月	大学を卒業し、学士号を取得する
6月	ロンドンでペストが流行し始める
8月	大学が封鎖されたのでウールスソープへ
9月	万有引力の法則につながる発想のヒントを得る
11月	流率（微積分）の課題を研究
1666年 1月	光の性質をプリズムで研究する
3月	ペストの流行が少し収まったのでケンブリッジに戻る 大学で引き続き引力、光学、微積分の研究を続ける
6月	再びペストが流行し始めたのでウールスソープへ避難
9月	ロンドンで大火災が起き、混乱に拍車がかかる
12月	ロンドンのペストの流行がほぼ収まる
1667年 4月	ケンブリッジに戻る

1665～1667年のニュートン

的に収まったことから3カ月ほど大学に戻っているので、実質、1年半ほどになる。驚くのは、この短いあいだに彼は「重力（万有引力）」「流率（微分積分学）」「分光の実験（光学）」と、少なくとも3つの分野で偉大な業績をあげたことだ。これらは科学者として成功するきっかけになっただけでなく、科学史のうえでも重要な意味を持つことから、後に伝記作家たちはこの期間を「**驚異の年***」と呼び、讃えている。

もっとも、「〇〇の年」としてしまうと***1665年のことか1666年のことか**はっきりしないので、本書ではもうひとつの呼び方である「創造的休暇」を採用したい。こっちのほうがロマンチックだし、「忙しくするばかりでなく、たまにはゆっくり考えごとをしようよ」と誘ってくれているみたいで、現代人にとって有効なアドバイスだと思うからだ。

Deep View

＊驚異の年

アルベルト・アインシュタインが「光量子仮説」「ブラウン運動の理論」「特殊相対性理論」に関連する５つの論文を一気に書き上げた１９０５年を「奇跡の年」と呼ぶのも、これに引っかけている。

＊１６６５年のことか１６６６年のことか

複数年にわたってしまうことから「驚異の諸年」とする資料もあるのだが、なんかごまかしてるみたいだし、諸年だとあまりミラクルな感じがしなくなってしまうので却下！

■「リンゴで発見」は本当か嘘か？

「創造的休暇」のあいだの研究成果としてもっとも有名なのは、いうまでもなく、リンゴで発見の万有引力だ。ところが、これだけ広く知られた話であるにもかかわらず、ニュートン研究家のあいだでは、「このエピソードは作り話であって、史実とは異なっているのではないか？」という疑いが強く持たれている。

理由ははっきりしていて、ニュートンがリンゴの話をしたのは「発見」の直後ではなく、60年近く経ったあとのことだからだ。つまり、それまで、まったく口にしなかったエピソードを年老いてからいきなり言い出したわけで、この手のパターンは偉人伝において要注意である（『大人が読みたいエジソンの話』を参照）。

それでは、ニュートンはどんなふうに話を始めたのか？　これについては明確な記録が残っている。

1726年4月15日、83歳の老ニュートンは友人である作家のウィリアム・ストュークリという人物と昼食を共にした。食後、たまたまリンゴの木が植えてある庭でお茶を飲んでいたとき、突然、「今の状況は重力について考え及んだときと同じだ！」と話し始めたという。その内容はストュークリにとっても初耳だったため、慌ててメモを取った。そのときの様子を、１７５２年に出版された彼の著書『**Memoirs of Sir Isaac Newton's Life**[*]（アイザック・ニュートンの人生回顧録）』から抜粋する。

after dinner, the weather being warm, we went into the garden, & drank thea under the shade of some appletrees, only he, & myself. amidst other discourse, he told me, he was just in the same situation, as when formerly, the notion of gravitation came into his mind. "why should that apple always descend perpendicularly to the ground," thought he to him self: occasion'd by the fall of an apple, as he sat in a comtemplative mood: "why should it not go sideways, or upwards? but constantly to the earths centre? assuredly, the reason is, that the earth draws it. there must be a drawing power in matter. & the sum of the drawing power in the matter of the earth must be in the earths center, not in any side of the earth. therefore dos this apple fall perpendicularly, or toward the center. if matter thus draws matter; it must be in proportion of its quantity. therefore the apple draws the earth, as well as the earth draws the apple."

食事のあと、暖かい日だったので私たちは2人だけで庭に出て、リンゴの木の陰でお茶を飲んだ。会話が続くなか、彼はこんな話をしてくれた。

これはあのときの状況と同じだ。その昔、重力の概念が私の心の中で生まれたときと変わらない。あのとき私は、こんなふうに考えた……。

「なぜ、リンゴはいつも地面に対して垂直に落ちるのか? なぜ、横に行ったり上に行ったりせず、地球の中心部に向かって確実に落ちていくのか? その理由は、地球が引っ張っているからであり、そういった力がなければこんな現象は起きるはずがない。そして、この引力は地球の側面(地面?)ではなく中心部から発生しているはずだ。だから、リンゴは地球の中心部に向かってまっすぐに落ちていく。いや、引力というのであれば、地球がリンゴを引っ張っているだけでなく、リンゴも地球を引っ張っていると考えるべきだろう。そしてその大きさは量(質量?)に比例する」(筆者による意訳)。


この食事会の翌年、つまり1727年3月にニュートンは大往生を遂げる。イギリス王立協会の会長を25年間も務めた偉大な人物だったので(亡くなるまで会長を続けた)、改めてその経歴をまとめようという動きが起き、情報が集められることになった。ストュークリもその作業に協力したはずで、そのころから「リンゴの話」は広まっていく。

もちろん、ニュートンがストュークリ以外にも似たような話をしていた可能性もあるが、それでも、もし「早い時期から多くの人に伝えていた」のであれば、作家という情報を扱う仕事に就いていたストュークリが知らなかったはずがない。そう考えると、やはり、リンゴの話は「発見」から約60年後にようやく明かされた不自然なエピソードなのである。

もうひとつの証拠として、フランスの哲学者ヴォルテール（１６９４〜１７７８）が１７２７年に発表したエッセイも挙げられる。ここでも「アイザック・ニュートンは庭仕事をしている際に、リンゴの木からリンゴが落ちるのを見て、重力に関する最初の発想を得た」とする逸話を紹介しているのだが、時代を代表する知識人がこの段階で原稿にしているということからも、けっして有名な話ではなかったことが窺える。


しかしそうだとすると、ニュートンはどうしてこんな**おいしい話***を亡くなる前年まで黙っていたのか、疑問だ。彼は自分の考えていることなどが他人に知られるのを嫌う**秘密主義***的な傾向があり、このため論文もあまり発表したがらなかったのだが、そうだとしてもこの件に関しては理解できない。

なぜなら、万有引力の法則に関しては、「私も先に思いついていた」と主張する人が現れたため、一時期、真の発見者は誰なのかといった論争に発展したからだ。最終的には実績などからニュートンの功績が認められるものの、もし、そのときに１６５６年の出来事をちゃんと説明していれば、一発で論争に決着が付いたはずだ。ペストの流行によって彼がウールスソープに避難していたのは事実だし、実家の庭にリンゴの木があったことも証明できるのだから、こんな強い証拠はない。それにもかかわらず、あの時点では沈黙を守ったのに、年老いてからいきなり話し出し、しかも証人が本人しかいないという状況では、「やっぱり嘘だったんじゃないか?」と疑われても仕方がない。

そんな理由から、筆者も当初は創作説に傾いていた。これまでの偉人伝のシリーズでも、「後出しジャンケン」的な発言には注意してきたからで、だいたい、そんなに都合よく目の前でリンゴの実は落ちないだろう。

ところが、もう少し詳しく知ろうと状況証拠を集めていくうちに、少し違う考え方もできるような気がしてきた。発端は、17世紀のイギリスの「リンゴ事情」だ。

リンゴの木は4000年前にはヨーロッパにあったことが化石によって証明されているが、栽培植物として広がっていくのは16世紀から17世紀にかけてと、そんなに古いことではない。しかもイギリスへの伝播はもっと遅く、主要な農作物になったのは19世紀中頃だ。そういった歴史を踏まえたとき、ニュートンの実家にリンゴの木があったのは、けっこう稀有なケースであったことがわかる。

ちなみに、その木は**1814年に老衰のため伐採**[*]されてしまって現存しないのだが、分苗や接ぎ木によって残された「子孫」は今でも各地に根付いている。それによると品種は「ケントの花（Flower of Kent）」で、原産地のフランスからイギリスに渡ったのは17世紀ごろだそうだから、ウールスソープの実家にあったのはかなり初物に近い。おそらく生産目的ではなく、「新しい木の苗が手に入ったから試しに庭に植えてみよう」といった感じだったのではないだろうか（こういうことは農家ではよくある）。

「ケントの花」は残念ながらそのまま食べられるリンゴではなかった。料理用となっているので、**肉[*]などと一緒に煮込んだ**はずだ。さらに、熟した果実はすべて自然に落下してしまうので、傷みやすく、農作にはあまり向かない品種だという……。

ここまで調べ、考え込んでしまった。

ニュートンの家にあったのは一般的なリンゴの木だと信じていたので、収穫の季節になると真っ赤に熟した実がいくつも枝にぶら下がっている光景を勝手に思い浮かべていたのだが、どうも違うようだ。成っているのは料理にしか使えない地味な果実であり、そして、気が付かないうちにバラバラと地面に落ちている。

すると、こんな展開も考えられる。

ある朝、ニュートンは窓を開けて庭を見た。夜中に強い風が吹いたのか、リンゴの実がいっせいに落ち、あたり一面に散らばっている。それはまるで地球に貼り付いているかのようだ。もしかすると、リンゴと地球は引きあっているのかもしれない……。

地球に貼り付いている！

もちろん、これは妄想であり、ニュートンが話した内容とも少し異なる。しかし、1年以上、ウールソープにいたのだから、こんな光景を目にしていた可能性は高く、そこから「落下とは何か？」と思いを巡らせたとしてもおかしくはないのである（「いきなり目の前に落ちた」よりはありそうなシチュエーションだ）。

そんなわけで、リンゴのエピソードに関する筆者の見解は「1周回って意外とあるかも」である。少なくとも完全に否定できる話ではないし、身近なリンゴで説明するほうが子供たちにとっても馴染みやすいのだから、これはこれで「もう正解でいいです」としてしまい、先を急ぐことにしよう。

Deep View

＊Memoirs of Sir Isaac Newton's Life

ここで全文を読むことができる。リンゴの話は「Life of Newton」の [15] のあたり。
https://en.wikisource.org/wiki/Memoirs_of_Sir_Isaac_Newton%27s_life

＊おいしい話

リンゴの落下を見たことが万有引力の法則の発見につながったというエピソードは具体的でわかりやすいうえ、アダムとイブの「はじめて物語」も想起させてくれるので、西洋人にとっては親しみやすいはずだ（ビートルズだってスティーブ・ジョブズだって「アップル」のイメージを効果的に利用した）。

＊秘密主義

ニュートンは他人を疑いやすく、自分の業績を盗まれるのではないかと心配していたので、論文なども気軽に発表するタイプではなかった。「じゃあ、なんのために研究していたのだろう?」と不思議に思うが、「それがニュートンなのだ!」としか言いようがない。

＊１８１４年に老衰のため伐採

リンゴの樹齢は50～60年（果実を生産する場合には最長で25年くらい）だとされるので、本当に１５０年以上も「同じ木」が残っていたのかどうかは疑問が残る。

＊肉などと一緒に煮込んだ

ヨーロッパでは肉とリンゴを一緒に煮込んだシチューはポピュラーな料理だ（リンゴの酸で肉が早く煮える）。

■「リンゴ」から「万有引力の法則」までの22年間

リンゴの話についてはもうひとつ、「落下を見て、すぐに万有引力の法則を発見した」と思い込んでいる人が、案外、多い。「目の前の事象から電光石火のようにアイデアが浮かび、大宇宙の法則までも導き出した大天才！」とドラマチックに考えたい気持ちはわかるが、やはり学問とはそんなに甘いものではない。

彼がウールスソープに避難していた1665〜1667年に重力に関して考え始めたのは事実だと思う。しかし、どんなに深く考察を進めても実験で証明できるテーマではないのだから、大学に戻ってからも研究は続いていたはずだ。つまり、実家にいたあいだはあくまでスタート期間であり、万有引力の法則にまでたどり着いたのは、そのずっとあとなのである。

そこまでかかった期間についてははっきりしないのだが、遅くとも1684年には、ほぼ**研究は終わっていた***と考えていいようだ。というのも、この年の8月にエドモンド・ハレー（1656〜1742）というオックスフォード大学の天文学者がニュートンを訪ね、惑星の軌道に関する疑問をぶつけているのだが、彼は即座に「10年も前からその問題に取り組んでいて、論文も書いている」と答えたという。

ところがここからがニュートンらしい展開で、その論文をすぐに読みたいと願うハレーに対して、「見あたらない」などと言ってごまかす。とにかく人間不信の塊みたいな人なので、簡単には胸の内は明かさない。それでも、ハレーは信用できる人物だと感じたのか、3カ月後に『回転している物体の運動について』という論文が届いた。わずか9ページの短いものだったにもかかわらず、それを読んでハレーは驚愕する。

そのころ、イギリスの天文学者たちのあいだでは惑星や彗星などの動きをどうやって科学的に説明するかが大きなテーマであり、集まっては活発な議論を展開していた。しかし、なかなか結論は出なかったため、困ったハレーは、すでにケンブリッジ大学の教授として頭角を現し始めていたニュートンのところに足を運んだのである。ニュートンはそういった集まりにあまり顔を出す人ではなかったので、多くの学者仲間からは警戒されていたが、すぐれた数学者であることは知られていたので、「天体の運動についても説明できるはず」と期待したようだ。

ハレーが手にした論文は予想を超える水準で、天体が円運動をするだけでなく楕円軌道を描くときについても数学的な解説がなされていた。彼は「これこそ天才の仕事だ」と確信し、それまでの研究内容を本にまとめるように進言するのである。

当然、ニュートンは渋るが、最後は根負けして、執筆を承諾した。そして１６８６年から書き始めて翌年に出版されたのが『プリンキピア（自然哲学の数学的諸原理）』だ。**運動に関する3つの法則**をまとめてニュートン力学を確立した歴史的な名著であるだけでなく、万有引力の法則はこの本によって広く知られることになるのだから、「リンゴで発見」から数えると実に22年もかかっている計算になる。

なお、ハレーはニュートンに本の執筆を勧めただけでなく、出版費用の負担までしたそうだから、「万有引力の法則」を世に送り出した貢献者だといえる。彼はその後もニュートンとの交流を続け、それまで謎とされていた彗星の運動に関する研究では、教えられた数学の知識を駆使することで、ついに軌道を突き止める。その結果、1531年と1607年と1682年に現れた大彗星は同じものだということが証明され、天文学を大きく進歩させたのである（いうまでもなく、この彗星がハレー彗星）。

つまり、ニュートンの才能を素直に認め、協力しあうことでハレーも**科学者として大成**[*]するのだが、一方、その対局にいて、悉くニュートンに反発し、困らせることになるのがロバート・フックである。ただし、その話はもう少しあとにしよう。

Deep View

＊研究は終わっていた
万有引力の法則において根幹をなすのは、「引力の強さは距離の2乗に反比例する」という「逆2乗の法則」

だ。これは光や磁力などさまざまな物理量にあてはまる基本となる考え方であり、当時、ニュートンだけがそのゴールにたどり着けた。

＊運動に関する3つの法則

慣性の法則（外からの力が作用しない限り、運動している物体は運動し続け、静止している物体は静止し続ける）、運動の法則（物体の運動量の変化は作用する力に比例する）、作用・反作用の法則（すべての作用にはそれを等しく反対向きの反応がある）の3つ。どれもニュートン以前からなんとなくわかっていたことだが、これらをまとめて力学の体系にしたところが天才ゆえの偉業と言える。

＊科学者として大成

ハレーは彗星の研究をしただけの人のように思われがちだが、何度も地球規模の調査に参加しており、本格的な天文観測を南半球で初めて行って300以上の恒星を記録したほか、貿易風やモンスーンなどの大気の運動は太陽熱が原因であることなどを突き止めた。晩年は、王立だったグリニッジ天文台のトップを長く務めたから、科学者としてはもっとも出世した一人だろう。

■虹が7色であることを決めたのはニュートン

創造的休暇における成果のひとつとして、プリズムによる光学実験についても解説しておきたい。個人的にはこっちのほうが「科学的に正しい考察とそれを証明する実験とはこういうものだ!」といったニュートンの信念が感じられ、好きである。

プリズムは水晶製のものならかなり昔からあったようだが、超高級品だったので、一般の人が気軽に目にすることはなかった。しかし、13世紀後半にイタリアで透明性が高く均質なガラスが発明されると(ベネチアン・グラスの発祥)、レンズだけでなくプリズムなど多彩な光学製品がつくられる。ニュートンの時代はそれから4世紀近く経っているので、プリズムも割と簡単に入手できたようだ。そのころ、多くの人にとってプリズムは「虹をつくるおもちゃ」程度の価値しかなかったと思うが、それを使って光の正体に迫る画期的な実験をしてしまうのだから、やはり天才の発想はどこか違う。

プリズムで虹ができる現象について、それまでは「光に色を着けているから」と考えられていた。つまり、太陽からの白っぽい光がそこを通過するときに着色される。理由なんかわ

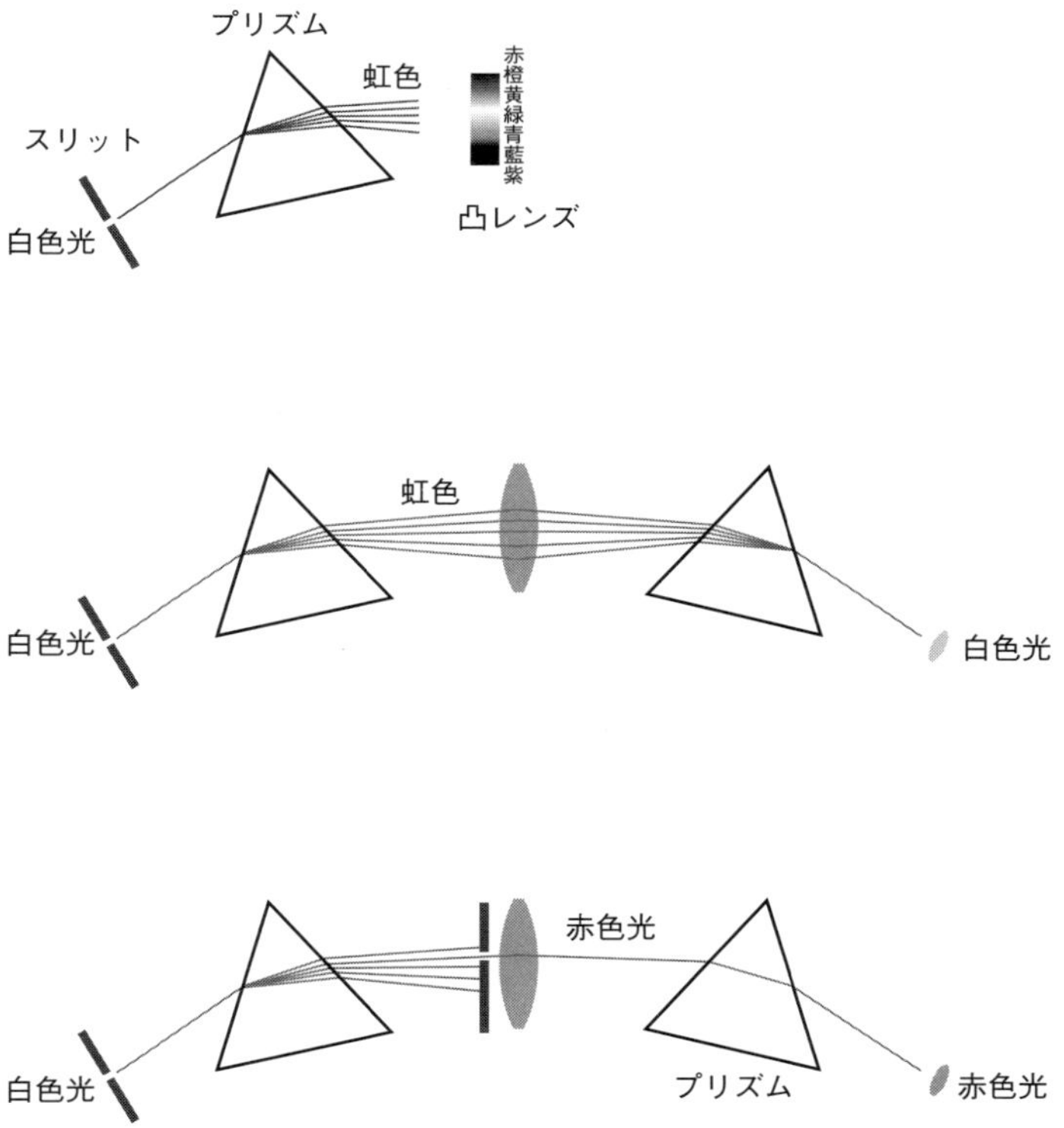

ニュートンが行った光の実験

からなくても、白い紙に絵の具で色を載せていくのと同じだと思えば、なんとなく納得してしまう。

しかし、ニュートンは別の考え方をしていた。彼は太陽光が白いのはさまざまな色の光が混ざりあっているからで、プリズムにはそれを分ける性質があると推理したのである。

それでは、この仮説をどうやって証明すればいいのだろうか？　ここからが天才の面目躍如である。

図を見てほしい。ニュートンはスリットの付いた板を用意し、それで窓を塞いで線上の光を部屋に導き入れた。そこにプリズムをあて、虹をつくる。この程度の実験であれば家の中でも十分できた。

次に虹になった光を凸レンズで集光しながら別のプリズムに通す。すると、再び白色光に戻るのだが、これだけではプリズムが光を「分けた」のか「色を着けた」のかわからない。

そこでニュートンはもうひとつスリットを用意し、虹の中の赤い光だけを選んで次のプリズムに通す。すると今度は別の色に変わることなく、そのまま赤い光だけが角度を変えて出てきた。この結果により、プリズムは着色装置ではなく分光装置だということが見事に証明されたのである。パチパチ。

なお、***この結論を発表するとき**、ニュートンは虹の色を「赤、橙（オレンジ）、黄、緑、青、藍（インディゴ）、紫（バイオレット）」の7色だと説明した。これも興味深い話で、ヨーロッパではそれまで虹は「赤、黄、緑、青、紫」の5色あるいは「赤、橙、黄、緑、青、紫」の6色だとするのが一般的だったから、1〜2色プラスしたことになる。

ちなみに、虹の色数は世界中バラバラで、日本では5〜8色と統一されていなかったし、世界では「赤、緑、青」の3色しか数えなかったり、***「明暗」の2色で済ましてしまう**地域もけっこう多いらしい。

もちろん、虹における色の変化はグラデーションなので何色だと考えてもいいのだが、ニュートンが7色にしたのは「ドレミファソラシド」の音階と関連づけたからだという説がある。音階における音の高さの違いと虹における色の幅が連動しているところがポイントらしく、このあたりは文章だと説明しにくいので、興味のある人は、わかりやすく説明しているこのサイトを見てほしい。

ニュートンが虹の色を「7色だ」と決めたって、ほんと?
http://web.canon.jp/technology/kids/mystery/m_04_09.html

虹を7色だとするのはあくまでニュートン固有の考え方であるため、それに従う必要はないのだが、ただ、今でも伝統的な5色あるいは6色説が一般的な国では「虹は5色（6色）だがニュートンは7色と言った」と補足説明をしなければいけないそうで、これはこれでけっこう面倒臭い。何色だっていいのだから、ここは偉人の功績を尊重し、7色に統一しておいてもいいのではないだろうか（幸い、日本はそうなっている）。

Deep View

＊この結論を発表するとき

プリズムの実験は1666年1月に行ったとされているのだが、その結果を含めた光学研究の成果を公式に発表したのは、1670年、27歳のときに大学で行った講義のときだと思われる（その内容をまとめたものが1704年に出版された『光学』）。教授になって2年目にようやく受け持った授業だが、テーマが当時の好みに合わなかったのか、ニュートンの性格的な問題なのか、学生はほとんど集まらず、最後は無人の教室で語り続けたという。

＊「明暗」の2色で済ましてしまう

乱暴なように感じるが、それは私たちがプリズムなどで分光されたきれいな虹を見たことがあるからで、空に架かっている薄い虹から7色を見極めるのはけっこう大変だ。

■ニュートン式望遠鏡が示す天才の証明

望遠鏡の発明は創造的休暇のときの業績ではないが、プリズムによる光の研究に関連する話でもあるし、ニュートンの思考方法がよくわかる例なので続けて紹介しておこう。

ニュートン式望遠鏡は、反射式天体望遠鏡の代表的なタイプとして今でも広く使われている。第一号機が完成したのは１６６８年と３５０年も前のことなのだから、実に寿命の長い商品である（今でも普通に売っている）。

望遠鏡は１６０８年にオランダの眼鏡職人ハンス・リッペルスハイによって発明された。職業柄、さまざまなレンズを取り扱っていたことから、凸レンズの手前に凹レンズをもってくると遠くのものが近くに見えることに気づいたのだろう。しかし、まだ使いものになるレベルではなく、入手したガリレオ・ガリレイは大改良を加えてようやく天体観測を可能にした。そしてその望遠鏡によって**多くの歴史的な発見***をしたことから、このタイプを今ではガリレオ式望遠鏡と呼んでいる。

ガリレオ式望遠鏡は上下左右そのままの正立像になるので風景などを見るにはいいのだが、倍率を上げようとすると極端に視野が狭くなり、天体観測には向かないという問題があった。このため、1611年にドイツの天文学者ヨハネス・ケプラーが接眼側を凸レンズに換えた望遠鏡を発明するとそっちが主流になっていく。

ところが、レンズを用いた屈折式望遠鏡ではレンズがプリズムと同じように光を分散させてしまうので色収差といわれる着色現象が起き、**大型化や高倍率化には限界があった**[*]。ウールスソープでプリズムによる光学実験に明け暮れていたニュートンはそんな弱点をよく知っており、そこで、分光しない鏡を用いて反射式望遠鏡をつくろうと思い立つ。

凡庸な学者だったら設計図だけを描き、製作は職人にでもまかせてしまうのだろうが、子供のころから工作好きで手先が器用なニュートンは違った。そのころは金属鏡が主流だったので（ガラス鏡はあったが、大量生産できなかった）、材料の研究から始め、最終的にスズに少しだけヒ素を混ぜたものが有効だと結論付ける。さらに凹面にするための研磨も自分の手で行い、誰の手を借りることもなく完成させてしまった。

ニュートンのつくった望遠鏡はケプラー式に比べても高倍率で明るかったことからすぐに話題になり、多くの天文学者から問い合わせがあったという。さらに噂を聞きつけた王立協会からもプレゼンテーションを求められ、1671年、新たに完成した第二号機を持参して彼はロンドンに向かった。実質的には、この説明会がニュートンの学会デビューである。

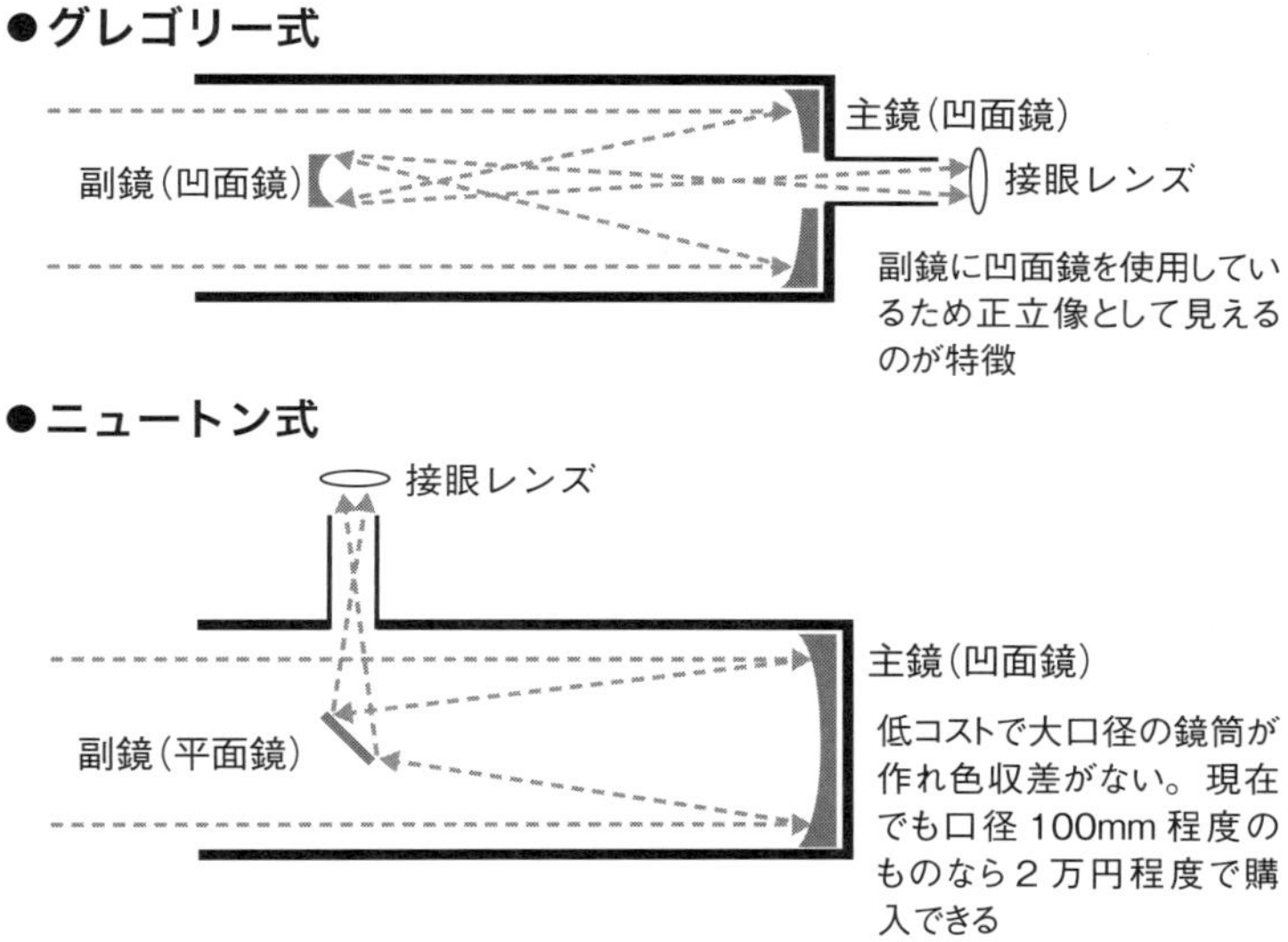
●グレゴリー式
主鏡（凹面鏡）
副鏡（凹面鏡）
接眼レンズ
副鏡に凹面鏡を使用しているため正立像として見えるのが特徴
●ニュートン式
接眼レンズ
主鏡（凹面鏡）
副鏡（平面鏡）
低コストで大口径の鏡筒が作れ色収差がない。現在でも口径 100mm 程度のものなら２万円程度で購入できる

ニュートン式望遠鏡とグレゴリー式望遠鏡の違い

画期的な構造の望遠鏡に誰もが興味を示し、覗き込んでは性能の高さに驚いた。この功績によりニュートンは王立協会の会員に推薦されることになるのだが、さらに協会の主催者であるチャールズ国王が自ら希望してこの望遠鏡で夜空を観察することになるのだから、学者としてこれほどの栄誉はない。こうやって、ニュートンは華々しくアカデミズムに登場してきたのである。

鏡を使った反射式望遠鏡のアイデアはニュートン以前にもあり、なかでもスコットランドの数学者ジェームス・グレゴリーは1663年ごろから開発を始めていたといわれている。大きなアドバンテージがあったにもかかわらず、完成させることができずに後発のニュートンに追い越されてしまったのだが、その原因はどこにあったのだろうか?

2人が考案した望遠鏡を比べると、一見してわかるのは、グレゴリー式は「屈折望遠鏡っぽい」ということだ。鏡筒の反対側から直線式に覗くスタイルはガリレオ式やケプラー式と同じで、おそらく「望遠鏡はこうでなければいけない」との固定観念に囚われていたのだろう。そのため、主鏡の真ん中に穴を空けるとか、副鏡も凹面鏡にするといった設計上の苦労が窺える(副鏡を凹面鏡にしたのは正立像を得るためでもある)。

それに比べるとニュートン式は実にシンプルだ。凹面鏡は主鏡だけに使い、そこからの光を平面鏡で垂直に曲げて鏡筒の側面に空けた穴で見るという大胆な発想は、それまでの望遠鏡にはなかった。

グレゴリー式の問題は明らかで、当時としては非常に工作が難しい凹面鏡を2枚も使うのはかなりリスキーだ。最適な曲面を計算で導き出すだけでも大変なのに、設計通り寸分違わず研磨できなければ明瞭な像は得られない。加えて副鏡の位置もシビアで、主鏡との距離だけでなく中心線(光軸)をぴったり合わせなければいけないのだが、鏡筒の中央でそれをするのはけっこう困難である。

それから、主鏡に穴を空けるという考え方にも無理があったと思う。そんなことをすれば、せっかく研磨した鏡に歪みが生じる可能性が高く、といって先に穴をあけると研磨が難しくなるから、筋が悪い設計だ。

頭脳明晰なうえに工作などの実作業も得意なニュートンは、設計の段階で確実に製作できるものを考える。そのため凹面鏡は1枚で、穴など絶対に空けない。鏡筒の横から覗く奇妙なスタイルにも、伝統にこだわらない彼の斬新さがよく表れている（それでも、主鏡の製作にはかなり苦労した）。ちなみに、対物側を高い空に向けることの多い天体望遠鏡では、このほうが無理な姿勢にならず観測できるので結果的には使いやすいものになった。そういう点を含めて「いい発明とはこういうものだ」というお手本のような作品である。

ところで、先ほどニュートン式望遠鏡について「今でも普通に売っている」と書いた手前、実際にどんな商品があるのか調べていたところ、天体望遠鏡メーカーであるビクセンの商品紹介の中にこんな一文をみつけ、少し感動してしまった（商品名R200SS鏡筒）。

ニュートンによって発明されて以来、ほとんどその姿を変えることなく天文ファンに使われ続けてきたのがニュートン式反射鏡筒。

天体からの光を放物面の主鏡で集め、副鏡で90度折り曲げて接眼部にみちびく。そのシンプルな構造ゆえに色収差が発生しないのが特長で、視野中心部で捉えた星像のシャープさは何者にも引けをとらない。

科学も技術も進んだ時代の「未来人（私たちのことだ）」にこれほど絶賛される製品を独力でつくってしまうところが、ニュートンのすごさである。

Deep View

＊多くの歴史的発見

ガリレオは自作した倍率3倍の望遠鏡で月面のクレーターの観察をしたり、木星の衛星を発見したりしている。

＊大型化や高倍率化には限界があった

今はレンズの種類や組み合わせによって収差を補正する技術が確立している。

■ロバート・フックはライバルではない

数学の師匠だったアイザック・バローにしろ、同時代の科学者として活躍したエドモンド・ハレーにしろ、後に高く評価されるような人物はニュートンのずば抜けた才能をすぐに見抜き、応援するか、協力した。そうでなくても、わざわざ反論するようなことはしない。なぜなら、少し話をすれば彼の優秀さがわかるからで、人間、強すぎる相手に無駄な戦いは挑まないものだ（白鵬に体当たりする馬鹿はいないだろう）。

ところが、そんなニュートンに刃向かい続けた男がいる。それが、バネの伸びに関する**フックの法則***で知られるロバート・フック（１６３５〜１７０３）である。

彼については、さまざまな場面でニュートンと対立し、最後には名目上の**勝利らしきもの***を勝ち取ったことから、ライバルであるかのように描かれるケースがあるのだが（そのほうがストーリーを構成しやすい）、正直言って、比較対象にするほどの人物ではないと思う。なので、本書では軽くあしらうから、フックファンを自認する人がいたら、この先は読み飛ばしてほしい。

このころ、イギリスで科学者として成功するには王立協会のメンバーになることが絶対的な条件だった。王立協会について改めて説明しておくと、1660年に創設された国王主催の自然科学系学会で、現存するものとしては世界で最古の歴史を誇っている。画期的な望遠鏡の発明により1672年に入会が認められたニュートンは、さっそく『光と色に関する新理論』という論文を協会に送った。「創造的休暇」のあいだに行った光学実験の結果と考察をまとめたものだ。

学校教育などで論理的な思考の訓練をしてきた現代人であれば、プリズムの実験が「白色光は多くの色の光を含む」という事実を客観的に証明していることを理解できる。選択した赤色光を再度プリズムに通して変色しなければ、着色ではなく分光であることは明らかだからだ。

ところが、科学という概念すらまだ曖昧な時代、このように論理的に考えられる人はあまり多くはなかった。「白い色の光から多色の光が取り出せる」という考え方は感覚的に馴染みにくかったようで、ニュートンの主張はなかなか理解されなかったのである。そんなムードを真に受けたのか、フックは先頭に立って反論を始めた。彼は1665年に、まだ「おもちゃ」扱いだった顕微鏡を活用して小さな生物などを拡大スケッチした『顕微鏡図譜』という本を著し、大評判になっていたことから、「自分は光学の専門家だ」といった自負もあったらしい。

しかし、もともと科学者気質ではない人物だったので、フックの反論はいつも「先に結論ありき」であり、論理的に反証したからといって解決するものではなかった。彼はオックスフォード大学にいたことがあるのだが、肩書きは聖歌隊のオルガン奏者であり学生ではない。その後、実務能力の高さを買われて実験助手になり、設備の製作などを行う。要するに科学者というより技術者とか職人といったタイプだった（もちろん、技術者や職人がダメだと言っているのではなく、役割とか得意分野の違いである）。

王立協会のメンバーになったのも、創設直後の混乱期に乗じたからで、実験を監督する人が必要だったところにうまく入り込んだかっこうだ。その後、実験部長や事務局長などとして地歩を固めていく。

経歴をみると科学者としても実績があったように書かれているが、彼に十分な知識があったとは思えないので、これも、うまく立ち回った結果ではないかと踏んでいる。そのころ、何か実験をしようとすると実務派のフックに頼らざるをえなかったので、みんな気を使っていたようだ（彼が王立協会を仕切っていたといった証言すらある）。

そうやって我が世の春を謳歌していたフックの目の前に天才と噂されるニュートンがひょっこりやってきたものだから、これは叩いておかなければいけないと直感的に思ったのだろう。このような展開はどんな組織でもよくあるので驚くことではないのだが、もともと、人づきあいがあまり得意ではないニュートンにとっては、いちいち論争の場に引っ張り出されるのは迷惑な話だった。科学的な議論ならともかく、フックに対しては何を言っても納得しないし、別のことを言えばそっちにも反論してくる。要するに埒があかないのである。

感情的なやりとりに嫌気が差し、とうとうニュートンは協会を脱退するとまで言い出した。それこそフックの思う壺だったのだが、さすがに大多数の人はニュートンの才能を認めていたので引き留める。するとフックはますます反発を強め、その後、何度も難癖を付けてきた。万有引力の法則に関して「自分のほうが先に気づいていた」と主張したのも彼である。しかし、**数学に弱いフック***は基本を成す「逆2乗の法則」までは思いつけなかったようで、それだけの力の差がありながら、どうしてそんなに突っ張ったのか、正直、よくわからない。

一応、補足しておくと、フックもけっして「できなかった人」ではない。1666年のロンドンの大火災の時には復興のためのプランを示して貢献しているし（このため**彼を建築家とする***資料も多い）、アインシュタインも興味を持った毛細管現象に鋭い考察を加えたり、生物実験によって呼吸器や循環器の機能を最初に解明したりと、なかなかマルチな活躍をしている。ただし、目の前で起きていることしか理解しないタイプで、論理的な思考によってその奥にある原理や法則を見出そうとはしなかった。だからこそ、思考実験が得意なニュートンとは馬が合うわけがないのである。

タイプがまったく異なる2人だから、もしフックがニュートンの才能を素直に認め、「あなたが考えたことを実験できるように協力します」とでも言えれば王立協会はもっと多くの成果を世に送り出せたのだろうが、やたら上昇志向が強い８歳年上の彼にとっては無理な話で、それどころかニュートン以外にも多くの人が論争をふっかけられ、不快な思いにさせられたと伝えられている。

それでも生存中はそれなりに地位を得られ、気位が高いフックは「負けた気はしない」と思ったかもしれないが、彼の誤算は先に亡くなってしまったことだ。年上なのでしょうがないとしても、まさかニュートンが84歳まで長生きし、王立協会会長として君臨し続けるとは考えなかっただろう。

ここからはちょっとしたミステリーだ。

王立協会は１７１０年に新しい建物に移転するのだが、そのとき、フックの肖像画がなぜか運ばれず、行方不明になってしまったという。それ以外に彼の顔を描いたものはなかったため、未だにその姿は謎で、今、あるのはすべて後世における想像画だ。フックの性格の悪さは死後、堂々と語られるようになったため、そんなニュアンスが加えられた絵も多く、ちょっとかわいそうな気もする。

１７１０年といえばニュートンは会長になっていただけでなく、ナイトの称号も受け、不動の存在になりつつあった。だから、フックの肖像画を**処分***したのではないか**と疑われているのだが、そこは謎のままだ。

実を言えば、ニュートン自身も気に入らない相手がいれば常に争い続ける問題の多い人物だったので、フックがいなければ彼のほうが叩かれていたかもしれない。そういう意味では、上手に利用され、貧乏くじを引いたのはフックのほうではないかと考えている。

結論、「本物」に逆らうのはやめよう！

Deep View

＊フックの法則

バネのように弾性をもつ物の伸びはぶら下げた物の重さ（荷重）に正比例するというやつで、バネ秤をつくるのには役立ったが、あまりに「見たまま」の話なので彼が最初の発見者かどうか疑問は残る（しかも、はっきり言って大した「法則」ではない）。

＊勝利らしきもの

ニュートンは『プリンキピア』で天体の運動を研究してきた先人たちに感謝を示しているのだが、その中にフックの名前も記している。ただし、それは本当に評価しているのではなく、彼との論争が面倒臭くなったからのようだ。

＊数学に弱いフック

たとえば、自著の中で引力に関し「天体同士が近いほど強くなる。距離と引力の強さの関係がどうなっているか、今のところ私にも発見できていない」と書いている。それなら、まだ原稿に書かずにもっと研究しろよ！ とニュートンでなくても思うだろう。

＊彼を建築家とする

ロンドンの復興計画に必要な測量を行っていたのは事実だが、ただし、有名な建築家であるクリストファー・レン（１６３２〜１７２３）の助手として参加していたのであって、このとき、提案された幹線道路の拡張と格子状に街区を構成していくというプランも、基本的にはレンによるものだ（しかも、特に目新しい発想ではなく、このような都市は古代からあったので、「フックのプランが後に各国で進められた都市計画に大きな影響を与えた」と書く資料は二重にまちがっている）。要するに、フックは実務に長けた人物だったので、いろいろな人に重宝されたということだろう。

＊処分したのではないか

何かと反抗してきたフックにニュートンが私怨をもっていたのは事実だろうから、そういう行動に出た可能性は高いのだが、ただ、肖像画だけでなくフックが残した記録も、一部、紛失しているので、そうなると、もっと深い意味があったのかもしれない。フックは、ある意味、「前近代」の象徴のような人であり、感覚や勘だけで物事を捉え、原因と結果の相関関係を科学的あるいは数学的には見ようとしなかった。そういう人物の書いた文章を残しておくこと自体、科学の進歩を妨げる原因になりかねないわけで、ニュートンはフックの存在を消すことで近代化を推し進めたのではないか……というのは、ちょっと買い被り過ぎ？

column

ニュートン力学を初めて日本に紹介した志筑忠雄

志筑忠雄（1760〜1806）は江戸時代後期に長崎で活躍したオランダ語通訳（長崎通詞）であり、1798年から1802年にかけて『暦象新書』全3巻を出版した。この本はイギリス（スコットランド出身）の科学者でニュートンの愛弟子のひとりでもあるジョン・ケール（1671〜1721）が記した『Introductiones ad Veram Physicam et veram Astronomiam（真正なる自然学および天文学への入門書）』をオランダ語版経由で邦訳したもので、万有引力の法則やケプラーの法則を紹介しているだけでなく、＋－÷√といった数学記号も初めて伝えた。ちなみに、遠心力や重力、加速、楕円といった日本語も、このときに志筑が発明したものだ。

彼がすごかったのは、翻訳するだけでなく、内容を十分に理解したうえで日本人向けの解説を加えたところだろう（多くの注釈を彼自身が書いた）。志筑は杉田玄白をはじめとする蘭学者からも一目置かれた博識の人物で、手掛けた蘭書は天文学、物理学、地理学、語学、海外事情など多岐にわたる。

後世における志筑の影響力の大きさを示す例として、1801年に発行された『鎖国論』が挙げられる。この本はドイツ人医師エンゲルベルト・ケンペルの『日本誌』（1727年）の中から江戸幕府の外交政策について記した章を訳したもので、ケンペルが幕府の消極的な姿勢を誇張して書いた内容に関し、「鎖国」という言葉で紹介した。

現在では、江戸幕府の基本方針はキリスト教の禁止（ヨーロッパ列強による侵略防止の意味が大きい）であって、外国との交流をすべて禁じる意図がなかったことや、そもそも公式な文書で「鎖国」という言葉をいっさい使っていないことから、教科書などの書き換えが進んでいる。他国との交流を制限する政策は、当時、多くの国が行っており、日本だけが特別ではなかったからだ。それにもかかわらず、最近まで日本人自身が「江戸時代は国を閉ざしていた」と信じ込んでいたのは志筑の発明した「鎖国」という言葉のインパクトが強かったからであり、今だったら優秀なコピーライターになっていたかもしれない。

特別講座

重力について人類はどう考えてきたか?

ニュートンが万有引力の法則を発見する以前から、物を下に落とす「重力」はどうして生じるのか、多くの人によって考えられてきた。

初期の事例として広く知られているのが、古代ギリシャのアリストテレス（前384〜前322）の説だ。彼が根拠にしたのはそのころ確立しつつあった四元素説で、それによると地上界（地球）にあるものは火、空気、水、土の4種類の**元素***でできているという。これに天上界（宇宙）の構成元素であるエーテルを加えると五大元素説になる。

四元素説に従うなら、地球の地面から下の部分は、当然、「土元素」が主体になっているはずだ。また、地球の欠片である石や金属なども「土元素」が多いだろう。となると、「土元素」は母体である地球に戻ろうとするので、それによって重力が発生する……。

個人的には、なかなかすっきりして、よく練られた説だと思う。特に、物体の重さの違いを「土元素」の含有量によって説明できるところが秀逸で、たとえば「木は石より『土元素』が少ないから、水に阻まれると地球に戻れない（つまり沈まずに浮かんでいる）」などと補足されたら、思わず拍手してしまいそうだ。今もある多くのオカルト学説（地球の内部が空洞だとか宇宙人がＵＦＯで地球に来ているとか……）に比べれば遥かに説得力があり、そのせいか、ニュートンが万有引力の法則を発表する17世紀後半まで、多くの人が信じていたほどである。

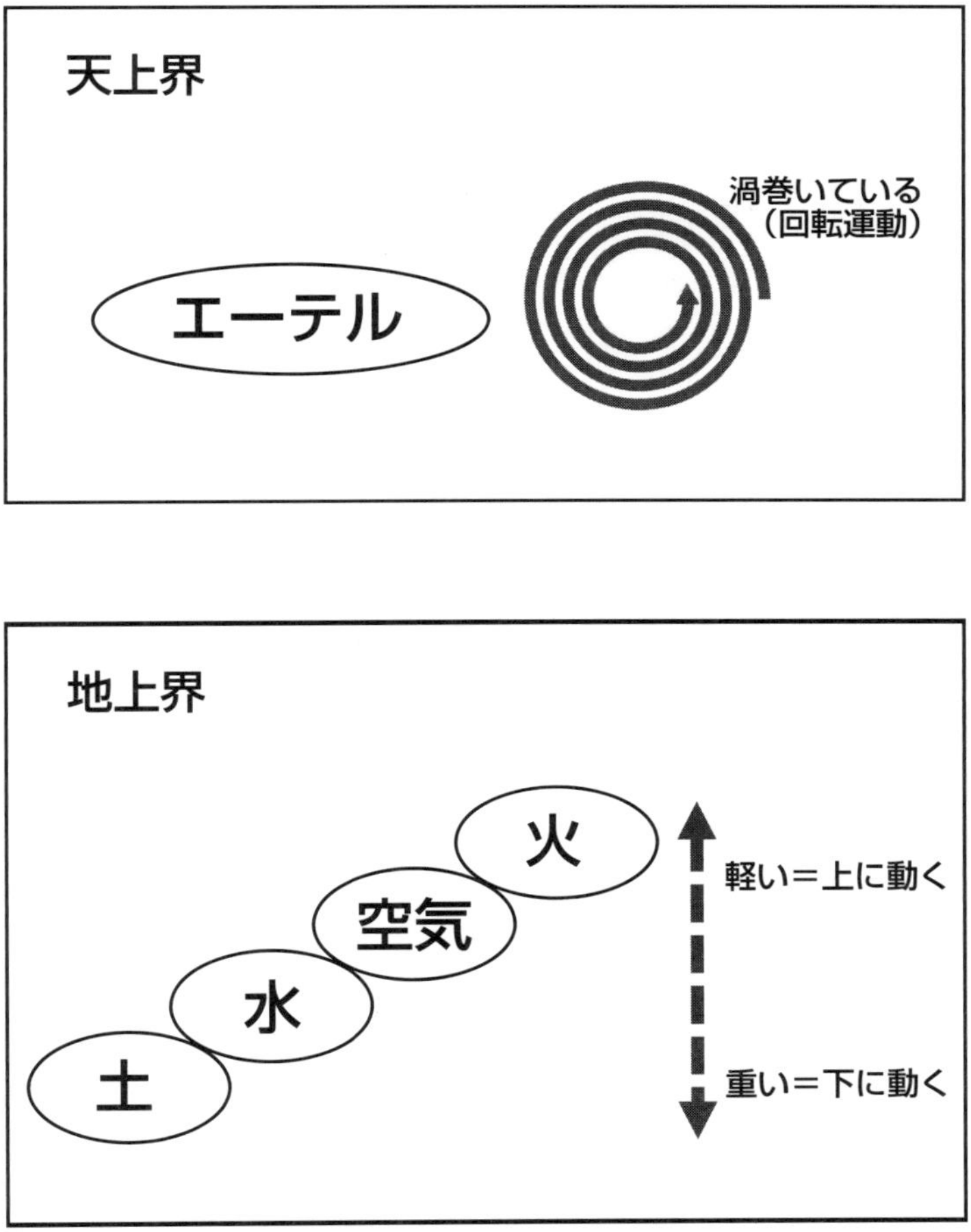

アリストテレスの信じた四元素説

■ゴール前のニュートンにいいパスがやってきた

アリストテレスの説にとって大きな問題は、月や太陽、惑星など天体の運動をうまく説明できないことだ。いや、天動説（地球中心説）ならなんとかなるのだが、ニコラウス・コペルニクス（1473〜1543）によって地動説（太陽中心説）が唱えられ、徐々に支持を集めていくと通用しなくなってくる。そこで、さまざまな新説が生まれた（ちなみにコペルニクスは、水が丸くなりたがるように宇宙の物質も一体化して球形になろうとするから重力が生じると考えていた）。年代順に紹介していこう。

ガリレオ・ガリレイ（1564〜1642）

重いものが速く落ちることはなく、落下の速度はどんな物質でも同じ（重力が何かであるかについては言及していないが、引力的なものを考えていた）。まあまあ短髪。

ヨハネス・ケプラー（1571〜1630）

重力とは似たような物が引きあう力によって発生する。だから潮の満ち引きも月からの引力が関係しているのではないか。この時代にはめずらしく短髪。

ルネ・デカルト（1596〜1650）

宇宙を包むエーテルは渦巻いているので、物は中心部に吸い寄せられていく（鳴門の渦潮?）。これを渦動説と呼ぶ。なお、本人はがっつりロン毛（自毛っぽい）である。

さて、ここでニュートンが登場してくる。彼はガリレオの死から1年後に生まれたニューエイジだったので、これら先人たちの研究成果を上手に利用することができた。要するに、強豪揃いのサッカーチームに入ったら、いきなりフォワードをまかされたようなものだ。なかでもケプラー先輩は優秀で、彼の放ったボールはいつもいいコースをたどるのだが、残念ながら力及ばず、ゴールには届かない。したがって、ニュートンは、その先をつないでシュートするだけで、いきなりヒーローになれる可能性があったのだから、やはり強運の持ち主だったのだと思う。それでも彼は、ただ闇雲にボールを蹴るようなことはせず、いいパスと悪いパスを慎重に見分けようとした。

まず、デカルトの渦動説だが、しょせんは哲学者が唱えているものなので（数学もやっていたが）、科学的に検証した思考とは思えない。どう考えても荒唐無稽であり、あまりあてにしないほうがいいだろう。ということは、このあたりを排除していけば、きっと答は見えてくるはずだ。

そこで彼は「コペルニクス→ガリレオ→ケプラー」とつながってきたパスだけに狙いを絞

り、シュートを続ける。その結果、ゴールを量産できたのである。

ただし、これを単なる「ごっつぁんゴール」だと思ってはいけない。ニュートンがすごかったのは、引力を天体だけのものとせず、リンゴまで含むありとあらゆる物に働く力だと見抜いたところだ。残念ながら天才ガリレオにも、そんなぶっ飛んだ発想はできなかった。

万物が有する万有引力という考えにたどり着けば、あとは得意な数学を活かして法則を発見すればいい。そうして彼は近代科学の父になれたのである。

同世代の科学者たち、たとえば**クリスティアーン・ホイヘンス***（1629〜1695）や**ゴットフリート・ライプニッツ***（1646〜1716）は渦動説のほうに引っ張られ過ぎて栄光を逃した。特にホイヘンスは遠心力の公式を発見した当事者であるにもかかわらず、その公式を使って天体の公転を説明したのがニュートンだったという皮肉な結果に終わっている。ホイヘンスも立派な科学者だったのだが、望遠鏡の開発ではレンズを捨てられずに高性能化できなかったり、光の媒介としてエーテルの存在にこだわり続けて遠回りしてしまったりと、ニュートンに比べるとどこか物足りない。逆にいえば、ニュートンがそれだけすごかったということであり、要するに、相手が悪かったのである。

■3分でわかった気になる一般相対性理論(の一部)

ここからはポスト・ニュートンの話だ。

万有引力の法則は長く「宇宙の仕組みを解き明かした完全な理論」だと信じられてきた。しかし「すべての物質が引きあっているとしたら、宇宙を構成するものは一点に集まってしまうのでは?」といった疑いもあり(実際、シミュレーションするとそうなる)、20世紀になるとこれを越える理論の登場が待たれていく。

それに答を出したのが**アルベルト・アインシュタイン***(1879~1955)だ。彼が一般相対性理論により体系化した概念は数学的な細かい検証を除けば意外とシンプルである。

地球で物が落ちるのは重力(引力)が働いているからだ。一方、加速する乗りものの中でも人は後ろに引っ張られるような力を感じる。前者を重力質量、後者を慣性質量と呼び、ニュートンの理論ではこれらは別のものだとされていた。

ところが、アインシュタインの発想はその上をいく。重力質量と慣性質量の違いは観測者が自分の置かれた状況を知っているから生まれるもので、もし箱に閉じ込められた状態だったら区別できない(目を閉じていれば、下に引っ張られる重力も加速する電車で後ろに引っ張られる力も同様に感じる)。したがって、この2つは同じものではないか?(等価原理)

そこからの考え方は難しくなるので結論だけを書くと、重力とは質量や運動による時空の歪みによって生じる力であって、物と物とが引っ張りあっているからではない。万有引力の法則とは、この「時空の歪みによる現象」を表面的に見た結果に過ぎず、それだけで宇宙の真理を説明するのは不可能だ。

ニュートンが『プリンキピア』の中で万有引力について説明してから約220年、ようやく、それを上回る重力理論が生まれたのである。ただし、太陽系程度の領域で天体の動きを説明するときには万有引力の法則は有効なので、今でも物理学の基本原理のひとつとして重宝されている。

アインシュタインはその前の特殊相対性理論において「光より速く伝わるものはない」と主張した手前、「それでは引力も光より遅く伝わるのか?」といった疑問に答えなければならなくなってしまい、重力のメカニズムを解くことになった。しかし、その結果、再び(「光電効果の発見」から数えれば三度)、革命的な学説を打ち立てることができたのだから、この点はニュートンに感謝するべきだろう。つまり、「コペルニクス→ガリレオ→ケプラー→ニュートン」とつないでもシュートできなかった鉄壁の守備陣を崩し、最後にゴールを決めたのがアインシュタインだったというわけである。

ただし、試合はまだ続いている。

「天体と天体のあいだには万有引力が働き、それによって周回運動などの天体現象が起きる」
（ニュートン）

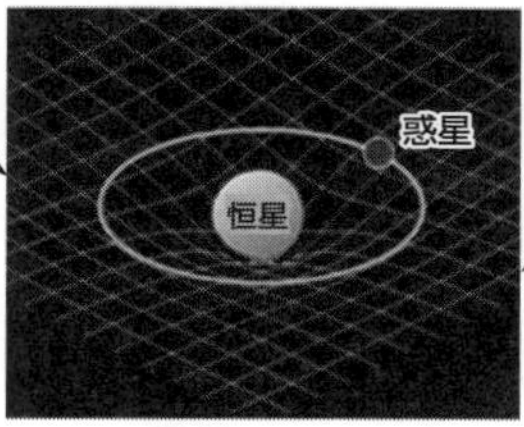

「天体と天体が引きあっているのではなく、質量や運動によって時空が歪み、重力場が生まれている。天体の動きはそれによるものだ」
（アインシュタイン）

アインシュタインが考えた「重力場」の模式図

現在の物理学では、自然界には電磁気力、弱い力、強い力、そして重力の**4つの力**[*]があるとされている。考え方の道筋から言えば、これらにも等価原理が働く可能性があり、今、統合のための理論が研究されている段階だ。

たしかに磁石が引っ張りあう現象と物が地面に落ちていく現象はよく似ているが、これを同じだと説明するのはかなり大変そうである。もちろん、成功すればノーベル賞は確実にもらえるので、興味のある人は、がんばって挑戦してみてほしい。

Deep View

＊元素
この場合の元素とは、現在の科学的な元素（element）とは異なり、外からの力などによって容易に変わる可能性があると考えられていた（だからこそ錬金術が可能だと信じられるようになる）。このため、英語では区別するために Classical element と呼ぶことがある。

＊クリスティアーン・ホイヘンス
オランダの数学者、物理学者、天文学者。光の回折に関するホイヘンスの原理で知られるが、内容を説明できる人は少ないと思う（筆者も名前しか知らなかった）。多分野で活躍しているものの、どこか「突き抜けられなかった人」という印象を受けるのは事実。ちなみに、ニュートン世代なので、かなり派手なロン毛である（たぶんカツラ）。

＊ゴットフリート・ライプニッツ
ドイツの哲学者、数学者、科学者。微積分法の発見でニュートンとどっちが先駆者か争うことになる。評伝を読むとかなり優秀な人だとわかるのだが、当時の「ドイツ」がヨーロッパでは遅れた地域であったことや、多様な学問に手を出し過ぎただけでなく政治家や外交官までやっていたマルチタレントぶりが災いし、大成できなかったように感じる。ニュートン世代なので、当然、ロン毛（絶対カツラ）。

＊アルベルト・アインシュタイン
詳しくは前著『大人が読みたいアインシュタインの話』を参照のこと。もうロン毛である必要はない時代の人だが、なかなか散髪しないのでボサボサ。

＊4つの力
大学共同利用機関法人高エネルギー加速器研究機構のウェブサイトにある子供向けの解説コーナー「キッズサイエンティスト」がわかりやすいので、興味をもった人はここから読み始めるといいと思う。
https://www2.kek.jp/kids/class/particle/class01-07.html

第3章

近代科学の父か、最後の魔術師か？

万有引力の法則や光の研究における偉大な成果に加え、物理学の基礎となる力学の体系を確立したことにより、ニュートンは近代科学の父と呼ばれるようになった。ところがその一方で、そんな尊称にふさわしくない闇の部分があったのも事実だ。それが、錬金術などオカルト的な分野への傾倒であり、このため、ニュートンの研究者としても知られる経済学者のジョン・メイナード・ケインズ（１８８３〜１９４６）は、こんな言葉を残している。

「ニュートンは理性の時代の最初の人ではなく、最後の魔術師だ（Newton was not the first of the age of reason, he was the last of the magicians.）」

もちろん、ニュートンの本領は論理的な思考によって科学的な真実を追究していくところにあり、多くの実績からその評価は揺るがないのだが、それでも生きてきた時代を考えると暗黒面があっても仕方がないと思う。なぜなら、17世紀ごろのヨーロッパは、まだ魔法やら妖術やらが強く信じられていた社会であり（魔女狩りなんかも普通に行われていた）、そんななかで科学的な思考だけを貫くのは無理だろう。そう考えていくと、「最後の魔術師」という評価は中世から近世への橋渡しをした結果でもあるわけで、むしろ、誉めているのではないかと思う。この章では、そんなニュートンの闇の部分と、そこから抜け出し、意外な活躍をする晩年について紹介していこう。

■禁止されていた錬金術研究に没頭

他の物質から価値のある黄金をつくり出そうという研究は、大昔から世界各地で行われてきた。たとえば、古代ギリシャでは先に紹介した火、空気、水、土の四元素説をベースに、「土に火の要素を加えれば光って金になるのでは……」とひたすら燃やし続けるなど、科学とオカルトの狭間のような研究がなされている。似たような活動はギリシャ文明の後継者となったイスラム社会を介して中世ヨーロッパに受け継がれていった。

1000年以上まったく成果がなかったにもかかわらず、ヨーロッパで錬金術が熱気を取り戻した理由のひとつに、新たなファクターの追加があったと思う。ルネサンス期(14〜16世紀)になると伝統的な4つの元素に加えて硫黄、水銀、塩の3原質が「物質の素」として浮上してきた。その結果、組み合わせのバリエーションが増え、そうなると「これらをこねくり回すことで何か新しい物質が生まれるかも?」と期待が高まっていく。それと同時に実験のスタイルも少しずつ**今の化学に近づいていった**[*]。

そうなると、ニュートンが錬金術にハマっていった理由もよくわかる。

グランサムのキングス・スクールに通っていたころ、彼は水時計や日時計などの「機械」工作と、家主である薬剤師のウィリアム・クラークが行う製薬作業という「化学」実験の両方に夢中になっていた。そして、どちらかといえば興味の対象は化学の分野に偏っていたと思うのである。

しかし、学校では化学など教えてくれないので（そもそも**「化学」*という学問がまだ確立していない**）、勉強することのできた数学を軸に、今でいう物理学の分野に進んでいく。そこでがんばった結果、26歳で大学の教授にもなれるのだが、一定の地位を得たことで彼の中の悪い虫が蠢き始めた。

教授であれば大学の実験施設も自由に使える。そうなると、十代のときからやってみたかった化学の実験を本格的に始めてみたいと考えても不思議ではない。そして当時は「化学≒錬金術」だったので、必然的にそっちの道に進むことになる。

問題なのは、このころのイギリスでは錬金術への警戒心が強く、実験などあまり大っぴらにはできなかったことだ。これはあたりまえの話で、国家が近代化していこうとするなら明確な価値の基準を設けて貨幣制度を維持しなければならないが、もし簡単に金ができてしまったら前提が根本から崩れてしまう。したがって、政府はそういった動きに厳しい目を向けていた。それにもかかわらず、国を代表する有名大学の教授が錬金術を始めようとしていたのだから、実に大胆である。もしかすると、彼が秘密主義的な傾向を強めたのは、このあたりにも原因があるのかもしれない。

なお、日本で「錬金術」と呼んでいるものは英語ではalchemyとなり、語源となったラテン語のalchemia同様、魔力とか秘術といった広い意味を含む。つまり、必ずしも金をつくり出すことだけが目的ではない。

そこで登場してくるのが、『ハリー・ポッター』や『ドラゴンクエスト』シリーズでお馴染みの**賢者の石***だ。このアイテムは非金属を金に変えてくれるだけでなく、人を不老不死にしたり、あらゆる願いを叶えてくれるといった万能の存在として知られている。そして、中世ヨーロッパにおける錬金術の最終目的は賢者の石をみつけることであり、当然、ニュートンもそこにチャレンジしていく。

このあたり、ニュートンに好意的な資料では、「彼は科学的な見地から賢者の石のような物質が本当に存在するのかたしかめようとしたのです」と近代科学の父にふさわしい解釈をしてくれるのだが、書かれたものを多く読むと、錬金術の実験をしているときのニュートンは完全に常軌を逸していたようだ。陶器製のるつぼで何種類もの金属を溶かしては、そこにさまざまな薬品を加えて反応を見る。高い温度を維持するには常に炭を足していなければならず、部屋の中は灼熱地獄だったという。そんな環境でもニュートンはその場を離れず、夜も服を着たままそばで寝ているほど。食事を忘れることもしょっちゅうだったそうだ。

このときのニュートンの心理をどう捉えるかだが、もしかすると数学や物理学が「本業」で、化学は「趣味」だったのではないかと想像している。つまり、そこで大きな成果は生み出せないかもしれないが、実験が楽しくてしょうがないから夢中になってしまう。今でも「仕事よりゴルフ(釣りでも旅でもなんでも……)に夢中」といったサラリーマンは大勢いるので、ニュートンもそんな気分だったのだろう。

理由はどうあれ、20代の後半から50歳近くになるまで、彼がもっとも力を入れてきたのは錬金術だ。そしてそのことが大きな問題を引き起こす。

錬金術の実験では多くの毒性物質も扱う。硫酸や硝酸ならまだ安全なほうで、反射望遠鏡の鏡の材料にも用いたヒ素なんかは猛毒だ。さらに問題なのが3つの原質に含まれる水銀だった。水銀は常温で唯一、液体となる金属であることから特殊な力があると信じられてきた。金を溶かすこともできるので(正確には金との合金になっている)、錬金術においてはもっとも重要な材料のひとつである。また、比較的、低い温度で溶ける鉛も頻繁に使われた。

これらのうち、さすがにヒ素は猛毒だと知られていたのでニュートンも取り扱いには注意したそうだが、水銀や鉛に関しては毒性が知られるようになるのが20世紀後半であり、そのころは危険な物質だとは見なされていない。したがって、実験中に大量の水銀蒸気を吸っていた可能性がある。

もちろんそれが原因なのか、あるいは単に過労のせいなのかはわからないが、ニュートンはその後、徐々に健康を害していく。ピークとなったのは1693年、50歳のときで、言動

灼熱地獄に耐えて

がかなりおかしく、まともに仕事もできないほどだったという。

　ちなみに、このころ彼は大学選出の国会議員も務めていたのだが、議会ではまったく発言せず、唯一、口にしたのが「議長、寒いので窓を閉めてください」だったのは有名な話だ。このエピソードについて、「ニュートンのような偉大な科学者は自分の仕事にしか興味がないから、国会なんかどうでもよかったのだ」と好意的に捉える人が多いのだが、当時の状況を考えると別の解釈もできる。水銀を含む毒性物質に神経をやられており、それどころではなかったのだろう（そう思うと「寒いので……」という発言は麻薬中毒のジャンキーっぽくて意味深）。

　こんな状態になり、普通なら「これでニュートンも終わり！」となりそうなものだが、そこから奇跡の復活を遂げるのだから、やっぱり彼はおもしろい。

Deep View

＊今の化学に近づいていった
それまでは「鉛に向かってお祈りをすればいつか金になる」といった精神世界的な方法も考えられたが、混ぜるものが増えたことで「やはり物質を使った実験でしか金は生まれない」といったムードになっていく。

＊「化学」という学問がまだ確立していない
近代化学はアントワーヌ・ラヴォアジエ（1743〜1794）が1774年に質量保存の法則を発見したことで始まったと考えるのが一般的。

＊賢者の石
「石」となっているがイメージとしては霊薬であり、富士山の語源になったといわれる、かぐや姫が残した不老不死の秘薬みたいなものだと思う。

■廃人同然からの「ニュートン復活！」

体調と精神状態が最悪となった１６９３年から３年後、ニュートンは突如、王立造幣局の監事になり、ケンブリッジからロンドンに転居した。このあたりの経緯は詳しくわからないのだが、これをきっかけに大学とはかなり疎遠になるので、個人的には何かトラブルがあったのではないかと疑っている（そうでなければ35年も在籍していたカレッジを離れないだろう）。当時、ニュートンは必死になって転職先を探していたとの情報があり、少なくとも**円**＊**満退職ではなさそう**だ。

しかし、カレッジの後輩で後に大蔵大臣などの要職を務めるチャールズ・モンタギュー（１６５６?～１７２２）の紹介で得た王立造幣局の監事という職は、彼を十分に満足させるものだった。本来は肩書きだけの名誉職だったらしく、もしかするとモンタギューはこの偉大な科学者に老後のための椅子を用意しただけだったのかもしれないが、体調も精神状態もすっかり復活していたニュートンは、毎日、出勤して熱心に働き始める（基本、天才はみんな職務に忠実である）。

そのころの貨幣制度はかなりいい加減で、硬貨は長く使っているうちにかなり磨り減っているだけでなく、なかには勝手に周囲を削って小さいコインにしてしまう人までいた。それどころか、金貨を溶かして他の安い金属と混ぜ、再び鋳造して贋金をつくる者まで大っぴらにいたというから、もうめちゃくちゃだ。さすがにそんな状況を看過することはできず、造幣局では新しい硬貨を発行して旧貨との取り替えを急いでいた。

そんな激動の時代だったが、監事になったばかりのころのニュートンは硬貨の製造にはあまり関心はなく、得意の数学を活かして経理面の精査を行っていたという。まだ四則演算(つまり足し算・引き算・掛け算・割り算)さえまともにできる人が少なかった時代、最先端の数学をわかる人がそんな仕事をすれば**画期的な成果が得られるのは当然**で、経営体質の強化から職員たちの福利の向上までさまざまな改革が行われた。そんな功績が認められ、3年後には長官に昇進する。

そのころ、ウィリアム・チャロナーという有名な贋金づくりがいた。天才的な詐欺師だった彼は富や名声を手に入れ、表向きは上流階級のように振る舞っていたという。しかし裏では偽造貨幣や偽造紙幣を量産してイングランド銀行まで騙そうとしていたそうで、多くの贋金づくりが暗躍していたなかでも一番の大物だ。

こんな状況に危機を感じた政府はニュートンに白羽の矢を立てる。彼の能力はそれだけ広く知られていたということだ。

目立つのが嫌いなニュートンは、最初「そういう仕事は警察などの役目だ」と言って躊躇したらしいが、やると決めたら手を抜かないタイプなので捜査を始めると偽造者たちが集まる酒場に自ら偵察に行って情報を集めるなど、熱心に働き始めた。その結果、膨大な証拠を入手しただけでなく、化学の知識もあったので、安い金属を混ぜた贋金を一発で検出する技術なども確立したといわれている。

チャロナーを筆頭にした偽造者たちがそれまでなかなか罪に問われなかったのは、司法などの制度が今ほどきちんとしていなかったからだ。逮捕して裁判に持ち込んでも、彼らはさまざまな力を駆使して自分に有利な証人をでっち上げ、切り抜けてしまう。しかし、ニュートンの頭脳は明晰で、裁判では集めた証拠をもとに有無を言わさぬ論理展開で相手を追い詰めていく。その結果、さすがのチャロナーもついには処刑台に送られることになるのだが、最後にはニュートンあてに命乞いの手紙まで書いていたというから、犯罪の天才も彼の才能の前には完全に屈服したということだろう。

大学は辞めたニュートンだが王立協会の仕事は続けており、60歳のときには会長に選出された。以降、四半世紀にわたってトップに君臨し続けるのだから、知力、体力ともそれほど衰えなかったようだ。

キピア』と『光学」も揃えており、正式な手続きを取れば閲覧も可能なようだ。

●金沢工業大学ライブラリーセンター「工学の曙文庫」
http://www.kanazawa-it.ac.jp/kitlc/
http://www.kanazawa-it.ac.jp/dawn/168701.html
http://www.kanazawa-it.ac.jp/dawn/170401.html

『光学』は理化学研究所の図書館にも第二版のほうが保管されている。

●理化学研究所図書館
http://www.riken.jp/outreach/resources/library/

さすがに「現物」は無理だが、ニュートンが発明した望遠鏡の割とリアルなレプリカが上野の国立科学博物館にあるので（地球館地下3階「自然のしくみを探る／2.宇宙を探る／7.宇宙を見る眼)、関心のある人は、一度、見学に行ってほしい（同じフロアにある霧箱も必見！)。

●国立科学博物館
http://www.kahaku.go.jp/

レプリカを眺めるだけでなく実際にニュートンの望遠鏡で夜空を見てみたいという人には、学研から出ている『大人の科学マガジンVol.11』がお勧め。外観もかなり忠実に再現しているだけでなく、月のクレーターやオリオン大星雲まで観測可能だそうだ。2000円で今でも買えます。

●大人の科学マガジン Vol.11／大人の科学 .net
http://otonanokagaku.net/magazine/vol11/index.html

column

日本にもあるニュートンの「遺物」

イギリスから遠く離れた日本にも、３世紀前の人であるニュートンの残した物がいくつか存在する。

一つ目は万有引力の発見につながったとされるリンゴの木で、オリジナルはすでに枯れているものの、分苗や接ぎ木した「子」が今も母校ケンブリッジ大学にあり、さらにそこから生まれた「孫」や「ひ孫」世代の何本かが日本に渡ってきたようだ。代表的なのは東京大学付属小石川植物園のもので、1964年に英国物理学研究所所長のサザーランド卿から日本学士院長の柴田雄次博士に贈られたものだという。ただし、果実はできないそうなので「発見」の追体験はできない。

●小石川植物園(園内案内を参照)
http://www.bg.s.u-tokyo.ac.jp/koishikawa/

他にも、小石川植物園から分けられたものや、別に輸入されたものを含め、日本国内には100本近くニュートンのリンゴの木がありそうだ（多くは企業などの私有地にあるので詳細は不明)。筆者が調べたところ、次の２カ所は見学可能なので、興味のある人は足を運んでみてほしい。

●横浜市緑の協会くだもの園
http://www.hama-midorinokyokai.or.jp/kodomo/
http://www.hama-midorinokyokai.or.jp/kodomo/plant/fruit/post_5/

●室蘭市青少年科学館
http://www.kujiran.net/kagaku/
http://www.kujiran.net/kagaku/floor/nakaniwa.html

次にニュートンの著書だ。金沢工業大学の図書館（ライブラリーセンター）は「出版されて流通した主要な科学技術上の業績の初版」を数多くコレクションしていることで有名なのだが、『プリン

1727年3月20日（新暦では3月31日）、科学界の大巨人は84歳で天寿を全うし、遺体はロンドンのウェストミンスター寺院に埋葬された。貴族階級出身でもない科学者が、歴代の王や女王が眠る場所に棺を並べることができたのは異例であり、後に近代科学の父と呼ばれることを予見していたかのようだ。

その墓石にはこう刻まれている。

「神は言われた『ニュートン出でよ』。するとすべてが明るくなった（God said "Let Newton be" and all was light.）」

よくわからないが、ちょっと泣いてしまった。

Deep View

＊円満退職ではなさそう

穏健な解釈では「高齢になり学者としてのピークを過ぎたので自ら学校を離れようとした」となるのだが、50代になっても『プリンキピア』の改訂作業を続けていたので、特に辞める理由はなかったと思う。他に「大学の官僚的なところに我慢できなくなった」という説もあるのだが、それって錬金術への圧力があったから？

＊画期的な成果が得られるのは当然

まだパソコンがなかったころのオフィスに、エクセルの使い手がタイムマシンで登場したようなものか？

エピローグ
ニュートンに学ぶ人生設計術

ニュートンの人生を通して言えるのは、かなりの強運の持ち主だったということだ。整理してみよう。

1. 貴族ではないが、生活に困らないだけの資金力のある家に生まれ育った。
2. 父親は「字を知らない」世代だったのに、徐々に語学教育が普及する時代に幼少期を過ごしたおかげで読み書きを学べた（次の教育への糸口を掴んだ）。
3. 中等教育を受けるには遠い町に行かなければならなかったが、「母の再婚→年老いた夫の死→遺産受け取り」という流れによって家には資金的な余裕があったうえ、安心できる下宿先もあったので進学できた。

4．再婚先から戻ってきた母は貴重な本とノートを持ち帰ってきた。しかも、その中にわかりやすい科学技術書があり、この分野の教育がほとんどされていない時代に多くの知識を得ることができた。

5．入学した「中・高等学校」がめずらしく語学だけでなく数学の教育にも力を入れていた。

6．家業を継ぐため母親の命令で家に戻されたが、教育熱心な校長や親身になってくれる叔父のおかげで復学することができた。

7．母親が学費を出し渋ったので大学には給費生という低い身分で入ったが、そのおかげでかえって向学心に目覚め、研究者として残ることができた。

8．ペストの流行によって実家に避難し、大学とは違う環境で思考や実験に集中することができた。

番外．たまたまリンゴの実が目の前で落ちた（笑）。

9. ヨーロッパで多様な科学研究が進んだ時期に研究者としてデビューできたため、実力に加えて「ごっつぁんゴール」的なラッキーもあった。

10. 市民革命によって既存の権威が崩れ、実力者が出世しやすい状況が生まれた。

11. この時代ではかなりの長寿であり、最後まで仕事ができた。

これらは、どれかひとつが欠けても「天才科学者ニュートン」を完成させなかった可能性があり、そういう意味では、けっこう綱渡り的な人生を送ってきたことがわかる。それでも彼がすごかったのは、強運で得た小さなチャンスを何倍にも拡大し、普通の人では考えられないほどのリターンを得てしまうところだ。たとえば、ペストの流行によって大学を追われるのに、「何もない田舎」という環境を逆に利用して思考実験を続け、科学史に燦然と輝くような成果を挙げてしまうのである。

世間では「天才」というと、カミソリの刃のような、鋭く繊細な人物を思い浮かべることが多いと思う（アインシュタインはそれに近い）。しかし、アイザック・ニュートンの場合はもっと力強く、切れ味のよさに加えて鉈のような力強さもあるので、どんな困難もバッタバッタとなぎ倒しながら前に進んでいった感じがする。だからこそ、「魔術の時代」に科学者として大成できたのだろう。

これほどの強さを感じる天才は他にはいないので、ここではニュートンこそベスト・オブ・天才と認めたい。ただし、妙なロン毛だけどね（笑）。

参考資料（書籍）

『ニュートン　りんごはなぜおちるか』斎藤晴輝（著）／板橋繁男（イラスト）／（講談社火の鳥伝記文庫）／1984.5

『江戸時代の先覚者たち　近代への遺産・産業知識人の系譜』山本七平（著）／PHP研究所／1990.10

『学習漫画 世界の伝記　ニュートン　万有引力の法則を発見した科学者』堀ノ内雅一（シナリオ）／よしかわ進（漫画）／集英社／1993.3

『ニュートン』島尾永康（著）／岩波新書評伝選／1994.6

『ロバート・フック ニュートンに消された男』中島秀人（著）／朝日選書／1996.11

『アイザック・ニュートン　すべてを変えた科学者』フィリップ・スティール（著）／赤尾秀子（訳）／BL出版／2008.6

『ガリレオの求職活動 ニュートンの家計簿　科学者たちの生活と仕事』佐藤満彦（著）／中公新書／2000.8

『専制君主ニュートン　抑圧された科学的発見』D.H. クラーク、S.P.H. クラーク（著）／伊理由美（訳）／岩波書店／2002.9

『マンガ ニュートン万有引力入門』石田おさむ（著）／講談社＋α文庫）文庫／2008.8

『プリンキピアを読む　ニュートンはいかにして「万有引力」を証明したのか？』和田純夫（著）／講談社（ブルーバックス）／2009.5

『10分で読める伝記 4年生』塩谷京子（監修）／伝記編集委員会（編集）／学研マーケティング／2011.7

『ニュートンと贋金づくり　天才科学者が追った世紀の大犯罪』トマス・レヴェンソン（著）／寺西のぶ子（訳）／白揚社／2012.12

『ニュートンと万有引力　宇宙と地球の法則を解き明かした科学者』ケリー・ローガン・ホーリハン（著）／大森充香（訳）／丸善出版／2013.1

『ニュートンのりんご、アインシュタインの神　科学神話の虚実』アルベルト・A. マルティネス（著）／野村尚子（訳）／青土社／2015.2
『ニュートンと万有引力』P.M. ラッタンシ（著）／原田佐和子（訳）／玉川大学出版部／2016.5

参考資料（ウェブ）

ニュートン略伝／山賀進の Web site ／ http://www.s-yamaga.jp/nanimono/sonota/newton.htm# ニュートン
ニュートンが虹の色を「7色だ」と決めたって、ほんと?／キヤノンサイエンスラボ・キッズ／ http://web.canon.jp/technology/kids/mystery/m_04_09.html
光の科学者たち／キヤノンサイエンスラボ・キッズ／ http://www.canon.co.jp/technology/kids/history/index.html
望遠鏡の歴史（星を見に行こう!）／ http://www2.tbb.t-com.ne.jp/starlight.net/historyofthetelescope.html
微積分が導いた宇宙の法則　万有引力の発見は数学の賜物／京都産業大学／ http://www.kyoto-su.ac.jp/project/st/st05_01.html
暦象新書／国立天文台ウェブサイト／ https://www.nao.ac.jp/gallery/weekly/2016/20161129-rekisyo.html
『暦象新書』の研究／大森実／ http://repo.lib.hosei.ac.jp/bitstream/10114/9932/1/shigaku_15_ohmori.pdf
孤高のニュートン学者　志筑忠雄／江戸の科学者列伝／大人の科学 .net ／ http://www.otonanokagaku.net/issue/edo/vol1/index.html ／ http://www.otonanokagaku.net/issue/edo/vol2/index.html

望遠鏡の歴史（星を見に行こう!）／ http://www2.tbb.t-com.ne.jp/starlight.net/historyofthetelescope.html

〈著者紹介〉

石川 憲二（いしかわ けんじ）

ジャーナリスト、作家、編集者

1958年東京生まれ。東京理科大学理学部卒業。週刊誌記者を経てフリーランスのライター＆編集者に。書籍や雑誌記事の制作および小説の執筆を行っているほか、30年以上にわたって企業や研究機関を取材し、技術やビジネスに関する解説記事を書き続けている。主な著書に『宇宙エレベーター　宇宙旅行を可能にする新技術』『マンガでわかる宇宙』『マンガでわかる量子力学』（オーム社）、『大人が読みたいエジソンの話　発明王にはネタ本があった!?』『大人が読みたいアインシュタインの話　エジソンの発明と相対性理論の意外な関係』（日刊工業新聞社）などがある。

大人が読みたいニュートンの話

万有引力の法則の「完成」はリンゴが落ちて22年後だった!?

NDC289

2017年9月25日　初版1刷発行

定価はカバーに表示されております。

発行者　井水治博

発行所　日刊工業新聞社

〒103-8548　東京都中央区日本橋小網町14-1

電話　書籍編集部　03-5644-7490

販売・管理部　03-5644-7410

FAX　03-5644-7400

振替口座　00190-2-186076

URL　http://pub.nikkan.co.jp/

email　info@media.nikkan.co.jp

印刷・製本　新日本印刷

落丁・乱丁本はお取り替えいたします。　2017　Printed in Japan

ISBN 978-4-526-07751-7　C3034